외국인 · 재외국민
부동산등기실무가이드

법무사 강 봉 구

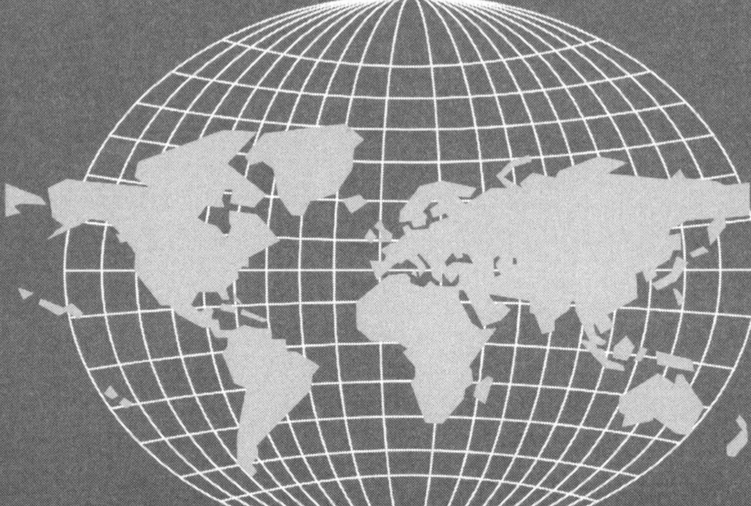

법률&출판

■ 논의의 출발점

부동산 관련 등기에는 등기의 종류에 따라 신청서 외에 필요한 부속서류가 첨부되어야 한다. 대한민국내에 소재하는 부동산에 대한 등기절차에는 당연히 대한민국의 등기 관련법이 적용되고, 설령 대한민국 국민이 아니더라도 대한민국내의 부동산에 관한 등기에는 대한민국 등기 관련법의 적용을 받게 된다.

그런데 대한민국 국민이 아님에도, 따라서 대한민국 국민과 같은 대한민국 법체계하에서의 첨부서류를 구비할 수 없음에도 부동산의 등기에는 부동산등기법에서 요구하는 부속서류나 그와 동등한 효력을 가지는 첨부서류를 외국인 등에게도 요구하고 있다. 그러면 어떠한 서류에 어떠한 요건을 갖춘다면 부동산등기법에서 말하는 첨부서류로 인정해 줄 것인가? 이점이 바로 논의의 출발점이며, 이것을 잘 이해하는 데는 단순히 부동산등기법과 관련예규만 이해하는 것만으로는 부족할 것 같으며, 연관되는 법률 등을 함께 두루 이해하여야만 더 체계적인 지식이 되지 않을까 생각되고, 또 내가 초보법무사로서 외국인 관련 등기를 의뢰받았을 때 어찌할 줄 몰라 어려움을 겪게 되었기에 초보 법무사를 위해서 이 책, 사실상 외국인 등의 부동산등기와 관련되는 일종의 '설명서'를 쓰게 되었다. 여기서 사용되는 용어 '외국인 등'은 외국인과 재외국민을 통칭하는 의미로 사용한다.

■ 편제의 방식

외국인 등도 부동산등기와 관련하여 갖추어야 할 첨부서류를 논의할 때 '부동산을 처분할 때'와 '부동산을 구입할 때'로 먼저 나누고, 또 그 외국인 등이 '외국에 있을 때'와 '국내 입국하였을 때'로 나누어 설명함이 통상적인 방법이라 할 수 있다. 이러한 체제로 논의하는 것이 이해의 편의에 더 도움이 될 것으로 생각된다. 그러나 부동산 관련 등기에는 처분이나 구입만 있는 것이 아니라 다양한 등기가 있으며, 또한 아무래도 권리의 처분에 '처분의 의사표시'와 관련된 중요한 첨부서류가 집중되므로 먼저 '처분'중심으로 첨부서류를 논의하고, 다른 등기와 관련되는 첨부서류는 '처분' 때의 논의한 서류를 인용하는 방식이 있을 수 있다.

그런데 이 책은 각 부동산등기의 종류에 따라 어떤 첨부서류가 필요한지를 설명함이 아니라 부동산등기에 있어 대한민국 국민에게 필요한 특정의 첨부서류는 외국인은 어떻게 갖추여야 하는지를 논의함에 있으므로 굳이 '처분'과 '구입'으로 나눌 필요 없이 그 '특정의 첨부서류' 중심으로 논의하면 어떤 부동산등기이든 유형에 관계없이 '그 특정의 첨부서류'가 필요한 부동산등기에 공통적으로 적용하면 될 것으로 판단되어 ⅰ) '특정의 첨부서면' 중심으로 편제하되, 다만 ⅱ) 그 외국인 등이 '입국한 경우'와 '입국하지 않은 경우'에 갖추어야 할 첨부서면에 뚜렷한 차이를 보이므로 이하에서 이점 또한 하나의 편제로 하여 서술해나기로 하되, 다만 그 외국인 등이 '입국하지 않은 경우' '처분'과 '구입' 등의 경우에 첨부서면에 차이가 나는 부분은 이를 '입국하지 않은 경우'의 하위편제로 하여 설명해 나가는 방식을 선택하기로 한다.

<목 차>

[자 료]

<부 록>

외국인 · 재외국민
부동산등기 가이드

Ⅰ. 외국인 등 등기관련 첨부서면 및 부동산등기법상의 규정

1. 인감증명서

등기를 할 때 인감증명서를 첨부하여야 하는 경우는 부동산등기규칙 제60조에서 아래와 같이 규정하고 있다. 인감증명서를 첨부한다 함은 특정 첨부서류에 인감을 날인해야 한다는 의미이며, 인감증명서를 첨부하는 이유는 관련 서류에 날인한 인장이 인감이 맞는지 확인하기 위함이다.

특히 2018.08.31. 부동산등기규칙의 개정으로 인감증명서의 대체수단으로 종전까지 허용하지 않던 ⅰ) 재외국민의 재외공관에서의 공증과 ⅱ) 인감증명제도가 없는 국가의 외국인에 대하여도 대한민국 재외공관에서의 공증을 수용하게 되었다. 한편 종전까지 사실상 인정되어 왔던 부동산의 처분을 위임한 경우 대리인의 인감증명서도 함께 제출하도록 법제화하였다.

[법원행정처]는 입법취지를 다음과 같이 설명하고 있다.

[개정취지]

○ 재외국민이나 외국인의 경우 인감증명의 제출에 갈음하여 대한민국 재외공관에서 공증받은 처분위임장 등을 제출할 수 있게 함으로써 재외국민과 외국인의 등기신청에 대한 편의를 제고함

○ 인감증명을 제출하여야 하는 등기의무자가 권리의 처분권한을 위임한 경우에 대리인의 인감증명을 요구하는 현행 실무의 근거를 마련하는 한편, 공증과 관련된 규정을 실무에 맞게 정비함

[주요내용]

○ 등기명의인으로부터 권리의 처분권한을 수여받은 대리인이 본인을 대리하여 법률행위를 하고 그에 따른 등기신청을 하는 경우 또는 상속인이 상속재산 협의분할권한을 대리인에게 위임하여 협의분할이 이루어지고 그에 따른 상속등기신청을 하는 경우에 본인의 인감증명 외에 대리인의 인감증명도 제출하도록 함(제60조제2항 2018.08.31. 신설)

○ 제60조에 따라 인감증명을 제출하여야 하는 재외국민이 입국하지 않는 경우에 인감증명의 제출에 갈음하여 대한민국 재외공관에서 본인이 위임장 등에 서명 또는 날인하였다는 뜻의 공증을 받아 제출할 수 있도록 함(규칙 제61조제3항 신설 2018.08.31.)

○ 인감증명제도가 없는 국가의 외국인이 「인감증명법」에 따른 인감증명을 받을 수 없는 경우에는 본국뿐만 아니라 대한민국 공증인의 인증, 특히 대한민국 재외공관에서의 인증을 받아 등기를 신청할 수 있도록 함(규칙 제61조제4항 개정 2018.08.31.)

[부동산등기규칙]

제60조 【인감증명의 제출】 ① 방문신청을 하는 경우에는 다음 각 호의 인감증명을 제출하여야 한다. 이 경우 해당 신청서(위임에 의한 대리인이 신청하는 경우에는 위임장을 말한다)나 첨부서면에는 그 인감을 날인하여야 한다.

1. 소유권의 등기명의인이 등기의무자로서 등기를 신청하는 경우 등기의무자의 인감증명
2. 소유권에 관한 가등기명의인이 가등기의 말소등기를 신청하는 경우 가등기명의인의 인감증명

3. 소유권 외의 권리의 등기명의인이 등기의무자로서 법 제51조(註 : 등기필정보가 없는 경우)에 따라 등기를 신청하는 경우 등기의무자의 인감증명
4. 제81조제1항에 따라 토지소유자들의 확인서를 첨부하여 토지합필등기를 신청하는 경우 그 토지소유자들의 인감증명
5. 제74조에 따라 권리자의 확인서를 첨부하여 토지분필등기를 신청하는 경우 그 권리자의 인감증명
6. 협의분할에 의한 상속등기를 신청하는 경우 상속인 전원의 인감증명
7. 등기신청서에 제3자의 동의 또는 승낙을 증명하는 서면을 첨부하는 경우 그 제3자의 인감증명
8. 법인 아닌 사단이나 재단의 등기신청에서 대법원예규로 정한 경우

② 제1항제1호부터 제3호까지 및 제6호에 따라 인감증명을 제출하여야 하는 자가 다른 사람에게 권리의 처분권한을 수여한 경우에는 그 대리인의 인감증명을 함께 제출하여야 한다.(신설 2018.08.31.)

③ 제1항에 따라 인감증명을 제출하여야 하는 자가 국가 또는 지방자치단체인 경우에는 인감증명을 제출할 필요가 없다.(개정 2018.08.31.)

④ 제1항 제4호부터 제7호까지의 규정에 해당하는 서면이 공정증서이거나 당사자가 서명 또는 날인하였다는 뜻의 공증인의 인증을 받은 서면인 경우에는 인감증명을 제출할 필요가 없다.(개정 2018.08.31.)

제61조 【법인 등의 인감증명의 제출】

① 제60조에 따라 인감증명을 제출하여야 하는 자가 법인 또는 국내에 영업소나 사무소의 설치등기를 한 외국법인인 경우에는 등기소의 증명을 얻은 그 대표자의 인감증명을, 법인 아닌 사단이나 재단인 경우에는 그 대표자나 관리인의 인감증명을 제출하여야 한다.

② 법정대리인이 제60조 제1항 제1호부터 제3호까지의 규정에 해당하는 등기신청을 하거나, 제4호부터 제7호까지의 서류를 작성하는 경우에는 법정대리인의 인감증명을 제출하여야 한다.

③ 제60조에 따라 인감증명을 제출하여야 하는 자가 재외국민(*)인 경우에는 위임장이나 첨부서면에 본인이 서명 또는 날인하였다는 뜻의 「재외공관 공증법」에 따른 인증을 받음으로써 인감증명의 제출을 갈음할 수 있다.(신설 2018.08.31.)

④ 제60조에 따라 인감증명을 제출하여야 하는 자가 외국인(*)인 경우에는 「인감증명법」에 따른 인감증명 또는 본국의 관공서가 발행한 인감증명을 제출하여야 한다. 다만, 본국에 인감증명제도가 없고 또한 「인감증명법」에 따른 인감증명을 받을 수 없는 자는 신청서나 위임장 또는 첨부서면에 본인이 서명 또는 날인하였다는 뜻의 본국 관공서의 증명이나 본국 또는 대한민국 공증인의 인증(**「재외공관 공증법」에 따른 인증을 포함**한다)을 받음으로써 인감증명의 제출을 갈음할 수 있다. (개정 2018.08.31.)

§ 개정전 규정 §

제61조(법인 등의 인감증명의 제출)

④ 제60조에 따라 인감증명을 제출하여야 하는 자가 외국인인 경우에는 「인감증명법」에 따른 인감증명 또는 본국의 관공서가 발행한 인감증명을 제출하여야 한다. 다만, 본국에 인감증명제도가 없고 또한 「인감증명법」에 따른 인감증명을 받을 수 없는 자는 신청서나 위임장 또는 첨부서면에 한 서명에 관하여 본인이 직접 작성하였다는 뜻의 본국 관공서의 증명이나 이에 관한 공정증서를 제출하여야 한다.

2. 주민등록등(초)본

등기기록에 새롭게 기록되는 등기권리자로서 등기신청을 하는 경우에는 신청인의 주소(또는 사무소 소재지) 및 주민등록번호(또는 부동산등기용등록번호)를 증명하는 정보로 주민등록등본이나 법인등기사항증명서를 첨부정보로 등기소에 제공하여야 하며, 소유권이전등기를 신청하는 경우에는 등기의무자의 것도 제공하도록 부동산등기규칙 제46조 제1항 제6호에서 규정하고 있다.

[부동산등기법]

제48조 【등기사항】 ① 등기관이 갑구 또는 을구에 권리에 관한 등기를 할 때에는 다음 각 호의 사항을 기록하여야 한다.

5. 권리자

② 제1항제5호의 권리자에 관한 사항을 기록할 때에는 권리자의 성명 또는 명칭 외에 주민등록번호 또는 부동산등기용등록번호와 주소 또는 사무소 소재지를 함께 기록하여야 한다.

[부동산등기규칙]

제46조 【첨부정보】 ① 등기를 신청하는 경우에는 다음 각 호의 정보를 그 신청정보와 함께 첨부정보로서 등기소에 제공하여야 한다.

6. 등기권리자(새로 등기명의인이 되는 경우로 한정한다)의 주소(또는 사무소 소재지) 및 주민등록번호(또는 부동산등기용등록번호)를 증명하는 정보. 다만, 소유권이전등기를 신청하는 경우에는 등기의무자의 주소(또는 사무소 소재지)를 증명하는 정보도 제공하여야 한다.

3. 등기필정보

등기권리자와 등기의무자가 공동으로 등기를 신청하는 경우 그 등기로 인하여 부동산 위의 권리를 잃게 되는 등기의무자의 등기신청의 진정성을 입증하기 위하여 인감증명서와 함께 부동산등기법 제50조 제2항에서는 등기필정보를 첨부정보로 제공하도록 규정하고 있다. 다만 등기필정보가 없는 경우 부동산등기법 제51조에서 3가지의 대안(代案)을 규정하고 있다.

[부동산등기법]

제50조 【등기필정보】

② 등기권리자와 등기의무자가 공동으로 권리에 관한 등기를 신청하는 경우에 신청인은 그 신청정보와 함께 제1항에 따라 통지받은 등기의무자의 등기필정보를 등기소에 제공하여야 한다. 승소한 등기의무자가 단독으로 권리에 관한 등기를 신청하는 경우에도 또한 같다.

제51조 【등기필정보가 없는 경우】 제50조제2항의 경우에 등기의무자의 등기필정보가 없을 때에는 등기의무자 또는 그 법정대리인(이하 "등기의무자 등"이라 한다)이 등기소에 출석하여 등기관으로부터 등기의무자 등임을 확인받아야 한다. 다만, 등기신청인의 대리인(변호사나 법무사만을 말한다)이 등기의무자 등으로부터 위임받았음을 확인한 경우 또는 신청서(위임에 의한 대리인이 신청하는 경우에는 그 권한을 증명하는 서면을 말한다) 중 등기의무자등의 작성부분에 관하여 공증(公證)을 받은 경우에는 그러하지 아니하다.

4. 동일인 증명서

일반적으로 첨부해야 하는 정보는 아니나 원래 우리나라 국민이었던 자가 외국으로의 귀화하면서 이름을 변경한 경우 ⅰ) 부동산 소유자가 등기의무자로서 등기를 신청하면서 선행하여 등기명의인 표시변경등기를 하거나, ⅱ) 상속등기를 하면서 제적등본 등 가족관계등록에 관한 법률상의 상속인임을 입증하기 위하여 첨부해야 하는 서면이다.

Ⅱ.「외국인 등」의 분류

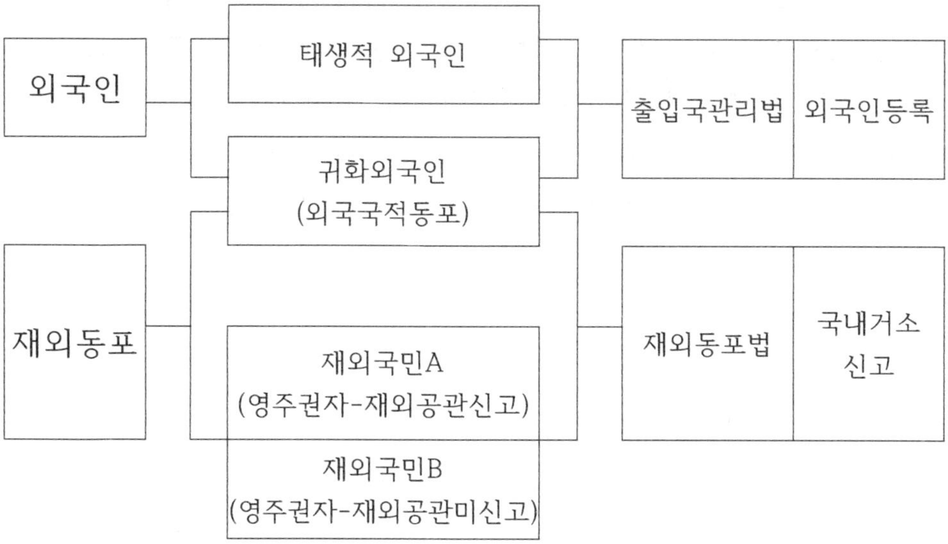

「외국인 등」은 부동산등기 신청 상의 첨부서면과 관련하여 우리나라 관련법률에서 취급을 달리하고 있어 이러한 관점에 의거하여 위의 도표와 같이 분류하였으며, 이는 설명의 편의가 아니라 실질적인 이유에서 위와 같이 분류하였다.

먼저 외국인은 ⅰ) 태생적 외국인과 ⅱ) 귀화외국인으로 분류된다. 태생적 외국인이란 한번도 우리나라 국민이었던 적이 없는 외국인인데 이를 귀화외국인과 구분하기 위하여 편의상 '태생적 외국인'이라 하였다. 귀화외국인은 원래 우리나라 국민이었으나 외국으로 이주하여 귀화함으로써 외국인이 된 외국국적의 한국동포를 말한다. 법률적으로는 '외국국적동포'라고 하며, 한민족(Race)으로서 우리나라 국민이었던 사람이 외국국적(Nationality)을 취득한 사람을 말한다.

한편 '재외국민'이란 [등기예규 제1686호]인 「재외국민 및 외국인의 부동산등기신청절차에 관한 예규」 제2조 제1호에 의하면 ⅰ) 외국으로 이주하여 그 나라에서 '영주권을 취득하였거나 ⅱ) 영주할 목적으로 외국에 거주하고 있는 자'를 말하며, 외국에 거주하기는 하나 귀화하지 않은 사람으로서 국적(Nationality)상으로 우리나라 국민을 말한다. 다만 재외국민을 A와 B로 구분한 이유는 해외에 이주하고자 하는 자는 '해외이주법'에 따라 외교부장관에게, 이미 현지이주를 한 사람은 우리나라 재외공관(「대한민국 재외공관 설치법」 제2조)에 이주신고를 하게 되어 있는데, 해외이주신고를 하지 않더라도 벌칙이 없고, 이주신고를 하면 우리나라 주민등록이 말소되어 주민등록등본을 발급받으면 '말소자초본'이 발급되고 국민건강보험이 자동으로 정지되는 등 오히려 해외이주신고가 불편을 초래하는 측면도 있어 해외이주신고 제도를 몰랐거나, 알았다 하더라도 신고하지 않는 경우도 있기 때문에 신고를 한 경우와 하지 않은 경우를 부동산 등기신청시 첨부서면이 다르다고 판단되어 이를 구분하기 위함이다. 그러나 관련 법률의 개정으로 2015년 1월 21일 이후에는 해외이주신고를 하더라도 주민등록을 말소시키지 않으므로 그 이전에 해외이주를 하고 이주신고까지 마친 경우와 구별하기 위함이며, 2015년 1월 21일 이후에 이주한 재외국민은 신고여부와 관계없이 주민등록이 살아있으므로 구분의 실익은 없다.

한편, 원래 재외국민이란 단어의 의미상으로는 영주할 목적으로 외국에 거주하는 사람뿐만 아니라 유학, 사업 등등 여러 목적으로 90일 이상 외국에 거주하고자 하여 재외공관에 등록한 대한민국 국민을 말하나, 부동산등기와 관련한 '재외국민'의 정의는 '영주권을 취득하였거나 영주할 목적으로 외국에 거주하고 있는 자'로 한정된다. 따라서 유학 등으로 외국에 거주하는 재외국민은 부동산등기 관련 법률에서 정의하는 재외국민은 아니다.

참고로 '재외국민등록' 제도는 대한민국 국적의 국민 중 재외국민을 포함하여 국외에서 3개월 이상 체류하는 경우, 즉 주재, 유학, 연수, 공무상 장기체류 등의 경우 모두 신고를 해야 하는 제도이다. 이를 통해 해외에 '거주하고 있다'는 사실을 등록하는 것이며, '해외이주신고' 제도는 영주, 결혼이민, 거주 등 이주를 목적으로 '영주권'을 소지하고 해외에 체류 중인 자에게 의무적으로 요구하고 있는 제도이다. 다시 말해 한국에서 해외로 완전히 이주(이민) 하였다고 등록하는 것이 해외이주신고이다. 예를 들어 해외 소재의 외국기업 취업으로 해외에 3개월 이상 체류하면서 영주권을 소지한 대한민국 국민이라면 두가지 모두를 신고해야한다. 따라서 재외국민등록이 되어도 우리나라의 주민등록은 살아있는 것이지만 해외이주신고가 되면 2015년 1월 21일 이전에 해외이주신고를 하였던 재외국민은 주민등록이 말소되었으므로 해외이주신고를 하였는지의 여부, 또 해외이주신고를 언제 하였는가에 따라 첨부할 수 있는 서류에 차이가 있다.

한편 해외이주신고는 비슷한 개념으로 혼동하기 쉬운 국적상실신고와는 구분하여야 하며, 국적상실신고가 되면 가족관계등록에 관한 법률에 "국적상실"이라고 표기가 되나 이를 하지 않으면 예를 들어 가족관계증명서에는 계속 우리 국민으로 읽혀지는바, 상속등기를 할 때 애로가 발생할 수 있다.

보정사례

[사실관계]

4명의 상속인 중 외국국적동포가 2명(호주, 캐나다)이 포함되었는데, 귀화한지는 오래되었으나 국적상실신고는 하지 않아 기본증명서와 가족관계증명서에는 '국적상실'의 표시가 없었고, 귀화시 이름은 영문화한 것 외에는 변경하지 않았다(고은 → Ko Eun, 고미 → Ko Mee). 따라서 동일인증명서가 필요 없다고 생각하여 첨부하지 않았고, 모두 장례를 치르고 귀국한 상태였다.

[보정명령]

가족관계증명서상의 상속인들이 외국인인지 알 수 없으므로 동일인 증명서를 첨부하든지 말소자 초본으로 국적상실을 입증하라.

[입증서류]

설령 귀국하지 않았다 하더라도 동일인 증명서는 한국에서 작성할 수 없으므로 동일인증명서를 작성하여 보내 자국의 공증 및 아포스티유 부착이라는 절차를 거치기에는 시간이 많이 소요되어(호주와 캐나다는 국토가 넓어 대도시로 오는데 항공편을 이용해야 하는 경우가 많음)

그래서 한사람은 말소자초본에 '국적상실로 말소'라는 표기가 되어 있어 해결되었고. 다른 한사람은 그 표시가 없었으나 국적상실신고를 자국주재 우리나라 영사관에 신청한 확인증이 있어 이를 첨부하여 등기를 마침

※ 국적상실신고로부터 가족관계등록부가 정리되기까지는 6개월이 소요된다함

[보증소감]
이름이 동일하고 생년월일이 동일한데 왜 동일인 증명서가 필요한지 보증명령이 이해가 되지 않았는데, 사실 제출된 서류만 보아서는 상속인들이 한국에 있는 한국인인지 실제 외국에 거주하는 외국인인지 알 수 없고, 그나마 동일인 증명서는 외국에서 작성하여야 하므로 외국에 있다는 것이 그나마 증명될 수 있으므로 보증명령을 이해하게 됨. 외국여권과 운전면허증이 있어도 주민등록번호가 없으므로 여권상의 이 사람이 상속인 그 사람인지는 알기가 어렵다는 측면에서 보증명령을 이해하게됨

[해외이주법]

제2조 【정의】 이 법에서 "해외이주자"란 생업에 종사하기 위하여 외국에 이주하는 사람과 그 가족(「민법」 제779조에 따른 관계에 있는 사람을 말한다) 또는 외국인과의 혼인(외국에서 영주권을 취득한 대한민국 국민과 혼인하는 경우를 포함한다) 및 연고(緣故) 관계로 인하여 이주하는 사람을 말한다.

제4조 【해외이주의 종류】 이 법에 따른 해외이주의 종류는 다음 각 호와 같이 구분한다.

1. 연고이주 : 혼인・약혼 또는 친족 관계를 기초로 하여 이주하는 것
2. 무연고이주 : 외국기업과의 고용계약에 따른 취업이주, 제10조제3항에 따른 해외이주알선업자가 이주대상국의 정부기관・이주알선기관 또는 사업주와의 계약에 따르거나 이주대상국 정부기관의 허가를 받아 행하는 사업이주 등 제1호 및 제3호 외의 사유로 이주하는 것
3. 현지이주 : 해외이주 외의 목적으로 출국하여 영주권 또는 그에 준하는 장기체류 자격을 취득한 사람의 이주

제6조 【해외이주신고】 다음 각 호의 어느 하나에 해당하는 사람은 대통령령으로 정하는 바에 따라 외교부장관에게 신고하여야 한다.

1. 연고이주 또는 무연고이주를 하려는 사람
2. 현지이주를 한 사람

Ⅲ. 관련법에 대한 개관

1. 주민등록법

[주민등록법]

제6조 【대상자】 ① 시장・군수 또는 구청장은 30일 이상 거주할 목적으로 그 관할 구역에 주소나 거소(이하 "거주지"라 한다)를 가진 다음 각 호의 사람(이하 "주민"이라 한다)을 이 법의 규정에 따라 등록하여야 한다. 다만, 외국인은 예외로 한다. <개정 2014. 1. 21.>

1. 거주자 : 거주지가 분명한 사람(제3호의 재외국민은 제외한다)
2. 거주불명자 : 제20조제6항에 따라 거주불명으로 등록된 사람
3. 재외국민 : 「재외동포의 출입국과 법적 지위에 관한 법률」 제2조 제1호에 따른 국민으로서 「해외이주법」 제12조에 따른 영주귀국의 신고를 하지 아니한 사람 중 다음 각 목의 어느 하나의 경우
   가. 주민등록이 말소되었던 사람이 귀국 후 재등록 신고를 하는 경우
   나. 주민등록이 없었던 사람이 귀국 후 최초로 주민등록 신고를 하는 경우

제10조의2조 【재외국민의 신고】 ① 재외국민이 국내에 30일 이상 거주할 목적으로 입국하는 때에는 다음 각 호의 사항을 해당 거주지를 관할하는 시장・군수 또는 구청장에게 신고하여야 한다.

1. 제10조제1항 각 호의 사항
   ※ 註 : 성명, 성별, 생년월일, 세대주와의 관계, 등록기준지, 주소 등
2. 영주 또는 거주하는 국가나 지역의 명칭과 체류자격의 종류

② 누구든지 제1항의 신고를 이중으로 할 수 없다.

주민등록법 제6조에 의하면 시장ㆍ군수 또는 구청장은 30일 이상 거주할 목적으로 그 관할 구역에 주소나 거소를 가진 다음 각 호의 사람을 이 법의 규정에 따라 등록하여야 한다. 다만, **외국인**은 예외로 한다.

1. 거주자 : 거주지가 분명한 사람(제3호의 **재외국민**은 제외한다)
2. 거주불명자 : 제20조제6항에 따라 거주불명으로 등록된 사람
3. 재외국민 : 「재외동포의 출입국과 법적 지위에 관한 법률」 제2조 제1호에 따른 국민으로서 「해외이주법」 제12조에 따른 영주귀국의 신고를 하지 아니한 사람 중 다음 각 목의 어느 하나의 경우
   가. 주민등록이 말소되었던 사람이 귀국 후 재등록 신고를 하는 경우
   나. 주민등록이 없었던 사람이 귀국 후 최초로 주민등록 신고를 하는 경우

따라서 우리나라 국민은 당연히 주민등록법에 따라 주민등록을 하여야 하지만, 재외국민의 경우도 국내에 30일 이상 거주할 목적으로 입국하는 때에는 거주지를 관할하는 시장ㆍ군수ㆍ구청장에게 '재외국민의 신고'를 하여야 한다(제10조의2 제1항)

이 재외국민의 신고에는 성별, 생년월일, 주소, 가족관계의 등록에 관한 법률에 따른 등록기준지 등 우리나라 국민이 주민등록을 할 경우 기본적으로 등록해야 하는 사항(제10조의2 제1항 제1호) 이외에 2015년 1월 21일 이전에 외국에서 영주권을 얻어 해외이주법에 따라 신고한 경우는 우리나라 주민등록을 말소시켰으므로(이 경우 주민등록등본은 '말소자초본'이 발급되며, 2015년 1월 21일 이후에 이주한 재외국민은 주민등록이 말소되지 않는다) 주민등록이 말소되었던 사람이 30일 이상 거주할 목적으로 입국한 재외국민이나, 예를 들어 외국에 거주하는 기간에 태어나 애초부터 대한민국의 주민등록이 없었던 재외국민은 최초로

귀국한 때 주민등록신고를 하여야 하며, 이 경우는 '영주 또는 거주하는 국가나 지역의 명칭'과 '체류자격의 종류'를 같이 신고하여야 한다(제10조의2 제1항 제2호), 이렇게 신고를 하면 거주지 읍면동사무소에서 '재외국민용 주민등록증' 발급이 가능하다. 물론 신고기관은 종전의 '출입국관리사무소'가 아니라 주민등록발급기관인 시、군 또는 구청장(읍、면、동)이다.

그러나 2015.1.21. 이후 영주권취득으로 해외이주법에 따라 해외이주신고를 하면서 '재외국민'신고를 하면 '재외국민용 주민등록증'이 발급되고 주민등록이 말소되지 않기 때문에 귀국하여 30일 이상 체류하더라도 별도로 주민등록신고를 하지 않아도 된다. 위 주민등록법 규정에 의하면 외국인도 30일 이상 체류하게 되면 '주민'에 해당하므로 주민등록신고를 하여야 하나 외국인은 우리나라 국민이 아니므로 주민등록법상의 신고대상은 아닌 것으로 신고의 예외를 규정하고 있고, 이는 태생적 외국인뿐만 아니라 외국국적동포도 출입국관리법에서 '외국인등록'을 하도록 하고, 다만 이와는 별도로 외국국적동포는 '외국인등록' 외에 재외동포법(약칭임)에 따른 '비자'를 받은 경우 '국내거소신고'를 하도록 규정하고 있다.

주민등록법 개정취지(법제처제공)

현행법에 따르면 대한민국 국적을 가지고 외국으로 이주한 재외국민은 국내의 주민등록을 말소하도록 되어 있어, 재외국민이 국내에 재입국하는 경우 유효한 주민등록번호가 없어 부동산 매매·금융거래 등 국내 자산관리와 행정기관 관련 업무처리에 불편이 많고, 재외국민은 대한민국 국민임에도 불구하고 국적을 포기한 외국국적동포와 행정적으로 동일하게 국내거소신고를 하도록 되어 있어 이에 대한 심리적 거부감 또한 증가하고 있는바,

재외국민의 주민등록 말소제도를 폐지하고 재외국민용 주민등록증 발급 제도를 도입하여, 재외국민이 국내에서 생활하는 데에 불편하지 않도록 하고 대한민국 국민이라는 소속감을 향상시키려는 것임.

2. 출입국관리법

[출입국관리법]

제1조 【목적】 이 법은 대한민국에 입국하거나 대한민국에서 출국하는 모든 국민 및 외국인의 출입국관리를 통한 안전한 국경관리, 대한민국에 체류하는 외국인의 체류관리와 사회통합 등에 관한 사항을 규정함을 목적으로 한다.

제10조 【체류자격】 입국하려는 외국인은 다음 각 호의 어느 하나에 해당하는 체류자격을 가져야 한다.

1. 일반체류자격 : 이 법에 따라 대한민국에 체류할 수 있는 기간이 제한되는 체류자격

2. 영주자격 : 대한민국에 영주(永住)할 수 있는 체류자격

제10조의2 【일반체류자격】 ① 제10조제1호에 따른 일반체류자격(이하 "일반체류자격"이라 한다)은 다음 각 호의 구분에 따른다.

1. 단기체류자격 : 관광, 방문 등의 목적으로 대한민국에 90일 이하의 기간(사증면제협정이나 상호주의에 따라 90일을 초과하는 경우에는 그 기간) 동안 머물 수 있는 체류자격
2. 장기체류자격: 유학, 연수, 투자, 주재, 결혼 등의 목적으로 대한민국에 90일을 초과하여 법무부령으로 정하는 체류기간의 상한 범위에서 거주할 수 있는 체류자격

② 제1항에 따른 단기체류자격 및 장기체류자격의 종류, 체류자격에 해당하는 사람 또는 그 체류자격에 따른 활동범위는 체류목적, 취업활동 가능 여부 등을 고려하여 대통령령으로 정한다.

제10의3조 【영주자격】 ① 제10조제2호에 따른 영주자격(이하 "영주자격"이라 한다)을 가진 외국인은 활동범위 및 체류기간의 제한을 받지 아니한다.

제17조 【외국인의 체류 및 활동범위】 ① 외국인은 그 체류자격과 체류기간의 범위에서 대한민국에 체류할 수 있다.
② 대한민국에 체류하는 외국인은 이 법 또는 다른 법률에서 정하는 경우를 제외하고는 정치활동을 하여서는 아니 된다.

제31조 【외국인등록】 ① 외국인이 입국한 날부터 90일을 초과하여 대한민국에 체류하려면 대통령령으로 정하는 바에 따라 입국한 날부터 90일 이내에 그의 체류지를 관할하는 지방출입국・외국인관서의 장에게 **외국인등록을 하여야 한다.**

⑤ 지방출입국·외국인관서의 장은 제1항부터 제4항까지의 규정에 따라 외국인등록을 한 사람에게는 대통령령으로 정하는 방법에 따라 개인별로 고유한 등록번호(이하 "외국인등록번호"라 한다)를 부여하여야 한다.

제88조의2 【외국인등록증 등과 주민등록증 등의 관계】 ① 법령에 규정된 각종 절차와 거래관계 등에서 주민등록증이나 주민등록등본 또는 초본이 필요하면 외국인등록증이나 외국인등록 사실증명으로 이를 갈음한다.
② 이 법에 따른 외국인등록과 체류지 변경신고는 주민등록과 전입신고를 갈음한다.

제95조 【벌칙】 제95조(벌칙) 다음 각 호의 어느 하나에 해당하는 사람은 1년 이하의 징역 또는 1천만원 이하의 벌금에 처한다.
7. 제31조의 등록의무를 위반한 사람

[출입국관리법시행령]

제12조 【일반체류자격】 법 제10조의2 제1항 제1호에 따른 단기체류자격과 같은 항 제2호에 따른 장기체류자격의 종류, 체류자격에 해당하는 사람 또는 그 체류자격에 따른 활동범위는 각각 별표1 및 별표1의2와 같다.

제12조의2 【영주자격 요건 등】 ① 법 제10조의3 제2항 각 호 외의 부분에서 "대통령령으로 정하는 영주의 자격에 부합하는 사람"이란 별표1의3에 해당하는 사람을 말한다.

[출입국관리법시행규칙]

제18조의3 【영주자격 요건 등】 법 제10조의2제1항제2호에 따른 장기

체류자격의 체류자격별 체류기간의 상한은 별표 1과 같다. 다만, 법무부장관은 국제관례나 상호주의 원칙 또는 국가이익에 비추어 필요하다고 인정하는 때에는 그 상한을 달리 정할 수 있다.

출입국관리법은 외국으로부터 대한민국에 입국하거나 대한민국에서 외국으로 출국하는 경우의 모든 국민 및 외국인의 체류 등에 관한 사항을 규정하는 법이다. 따라서 태생적 외국인뿐만 아니라 외국국적동포도 원칙적으로 이 법의 적용을 받는다. 따라서 외국국적동포가 '재외동포법'의 적용을 받아 '국내거소신고'를 하게 되어 있는 '재외동포체류자격(F4 비자)'으로 입국하지 않는 한 역시 태생적 외국인과 동일하게 체류에 관하여 출입국관리법의 적용을 받고 90일 이상 대한민국에 체류하고자 하는 경우 후술하는 '외국인등록'을 하여야 한다.

외국인은 대한민국에 입국하여 체류하고자 한다면 대한민국에서의 외국인의 입국 및 체류를 허가하는 '체류자격', 즉 비자(VISA)를 받아야 하는데, 이러한 체류자격에는

크게 ⅰ) 일반체류자격(출입국관리법 제10조, 시행령 12조)과 ⅱ) 영주자격(출입국관리법 제10의3, 시행령 12조의2)으로 나누어지고,

다시 일반체류자격에는 ⅰ) 단기체류자격(출입국관리법시행령 12조 별표1)과 ⅱ) 장기체류자격(출입국관리법시행령 제12조 별표1의 2 및 시행규칙 제18조의3 별표1)으로 나누어진다.

아래 표에서 보는 바와 같이 단기체류자격은 관광, 통과, 일시취재, 단기방문, 단기취업 등 국내체류기간이 대개 90일이하인 경우이다.

[체류자격]

i) 일반체류자격 : ① 단기체류자격 ② 장기체류자격

ii) 영주자격

그런데 90일 이상 체류하는 경우는 다음 표(출입국관리법시행령 제12조 별표1의 2 및 시행규칙 제18조의3 별표1)에서 보는 바와 같이 장기체류의 비자를 받은 경우이고, 영주자격을 가진 외국인은 활동범위 및 체류기간의 제한을 받지 아니하므로(출입국관리법 제10조의3),

결국 90일 이상 체류하는 외국인으로서 '외국인등록'을 하여야 하는 경우는 '장기체류자격자'를 말한다. 장기체류자격은 가장 짧은 것이 6개월이기 때문에 모두 외국인등록을 하여야 한다. 그리고 외국인등록은 '하여야' 하는 의무사항이고, 이러한 의무등록을 위반한 사람은 1년 이하의 징역 또는 1천만원 이하의 벌금에 처하도록 함으로써(출입국관리법 제95조) 그 실효성을 확보하고 있다. 물론 장기체류자격의 체류기간은 '상한'이므로 장기체류비자를 발급받았더라도 사정에 의하여 '90일 이하'로 체류하는 사람은 등록의무는 없다.

결론적으로 태생적 외국인이건 외국국적동포이건 장기체류자격은 모두 90일 이상 대한민국에 체류하게 되므로 '외국인등록을 하여야' 한다.

한편, 지방출입국·외국인관서의 장은 외국인등록을 한 사람에게는 대통령령으로 정하는 방법에 따라 개인별로 고유한 등록번호인 "외국인등록번호"를 부여하여야 하며(출입국관리법 제31조)

법령에 규정된 각종 절차와 거래관계 등에서 주민등록증이나 주민등록 등본 또는 초본이 필요하면 외국인등록증이나 외국인등록사실증명으로 이를 갈음하도록 규정하고 있고(출입국관리법 제88조의2), 출입국관리법에 따라 외국인등록과 체류지 변경신고는 주민등록과 전입신고를 갈음하게 함으로써 주민등록법 내로 포섭하고 있다 **[자료1]**.

단기체류자격[출입국관리법 시행령 제12조 별표 1]

체류자격 (기호)	체류자격에 해당하는 사람 또는 활동범위
1. 사증면제 (B-1)	대한민국과 사증면제협정을 체결한 국가의 국민으로서 그 협정에 따른 활동을 하려는 사람
2. 관광・통과 (B-2)	관광・통과 등의 목적으로 대한민국에 사증 없이 입국하려는 사람
3. 일시취재 (C-1)	일시적인 취재 또는 보도활동을 하려는 사람
4. 단기방문 (C-3)	시장조사, 업무 연락, 상담, 계약 등의 상용(商用)활동과 관광, 통과, 요양, 친지 방문, 친선경기, 각종 행사나 회의 참가 또는 참관, 문화예술, 일반연수, 강습, 종교의식 참석, 학술자료 수집, 그 밖에 이와 유사한 목적으로 90일을 넘지 않는 기간 동안 체류하려는 사람(영리를 목적으로 하는 사람은 제외한다)
5. 단기취업 (C-4)	가. 일시 흥행, 광고・패션 모델, 강의・강연, 연구, 기술지도 등 별표 1의2 중 14. 교수(E-1)부터 20. 특정활동(E-7)까지의 체류자격에 해당하는 분야에 수익을 목적으로 단기간 취업활동을 하려는 사람 나. 각종 용역계약 등에 의하여 기계류 등의 설치・유지・보수, 조선 및 산업설비 제작・감독 등을 목적으로 국내 공공기관・민간단체에 파견되어 단기간 영리활동을 하려는 사람 다. 법무부장관이 관계 중앙행정기관의 장과 협의하여 정하는 농작물 재배・수확(재배・수확과 연계된 원시가공 분야를 포함한다) 및 수산물 원시가공 분야에서 단기간 취업 활동을 하려는 사람으로서 법무부장관이 인정하는 사람

체류자격별 체류기간 상한[출입국관리법 시행규칙 제18조의 3 별표1]

<table>
<tr><th>체류자격(기호)</th><th>체류기간의 상한</th><th>체류자격(기호)</th><th>체류기간의 상한</th></tr>
<tr><td>외교(A-1)</td><td>재임기간</td><td>교수(E-1)</td><td>5년</td></tr>
<tr><td>공무(A-2)</td><td>공무수행기간</td><td>회화지도(E-2)</td><td>2년</td></tr>
<tr><td>협정(A-3)</td><td>신분존속기간 또는 협정상의 체류기간</td><td>연구(E-3)</td><td>5년</td></tr>
<tr><td>문화예술(D-1)</td><td>2년</td><td>기술지도(E-4)</td><td>5년</td></tr>
<tr><td>유학(D-2)</td><td>2년</td><td>전문직업(E-5)</td><td>5년</td></tr>
<tr><td>기술연수(D-3)</td><td>2년</td><td>예술흥행(E-6)</td><td>2년</td></tr>
<tr><td>일반연수(D-4)</td><td>2년</td><td>특정활동(E-7)</td><td>3년</td></tr>
<tr><td>취재(D-5)</td><td>2년</td><td>계절근로(E-8)</td><td>5개월</td></tr>
<tr><td>종교(D-6)</td><td>2년</td><td>비전문취업(E-9)</td><td>3년</td></tr>
<tr><td>주재(D-7)</td><td>3년</td><td>선원취업(E-10)</td><td>3년</td></tr>
<tr><td rowspan="6">기술투자(D-8)</td><td rowspan="2">영 별표 1의2 11. 기업투자(D-8)란의 가목에 해당하는 사람 : 5년</td><td>방문동거(F-1)</td><td>2년</td></tr>
<tr><td>(F-2)</td><td>5년</td></tr>
<tr><td rowspan="4">영 별표 1의2 11. 기업투자(D-8)란의 나목ㆍ다목에 해당하는 사람 : 2년</td><td>거주(F-3)</td><td>동반하는 본인에 정하여진 기간</td></tr>
<tr><td>재외동포(F-4)</td><td>3년</td></tr>
<tr><td>결혼이민(F-6)</td><td>3년</td></tr>
<tr><td>기타(G-1)</td><td>1년</td></tr>
<tr><td>무역경영(D-9)</td><td>2년</td><td>관광취업(H-1)</td><td>협정상의 체류기간</td></tr>
<tr><td>구직(D-10)</td><td>6개월</td><td>방문취업(H-2)</td><td>3년</td></tr>
</table>

註) F-5 : 영주비자(영주권)

3. 재외동포의 출입국과 법적 지위에 관한 법률(약칭 : 재외동포법)

[재외동포의 출입국과 법적지위에 관한 법률]

제1조 【목적】 이 법은 재외동포(在外同胞)의 대한민국에의 출입국과 대한민국 안에서의 법적 지위를 보장함을 목적으로 한다.

註) 용어유의 : '재외동포'와 '재외국민'의 구별

제2조 【정의】 이 법에서 "재외동포"란 다음 각 호의 어느 하나에 해당하는 자를 말한다.

1. 대한민국의 국민으로서 외국의 영주권(永住權)을 취득한 자 또는 영주할 목적으로 외국에 거주하고 있는 자(이하 "재외국민"이라 한다)
2. 대한민국의 국적을 보유하였던 자(대한민국정부 수립 전에 국외로 이주한 동포를 포함한다) 또는 그 직계비속(直系卑屬)으로서 외국국적을 취득한 자 중 대통령령으로 정하는 자(이하 "외국국적동포"라 한다)

제3조 【적용범위】 이 법은 재외국민과 「출입국관리법」 제10조에 따른 체류자격 중 재외동포 체류자격(이하 "재외동포체류자격"이라 한다)을 가진 외국국적동포의 대한민국에의 출입국과 대한민국 안에서의 법적 지위에 관하여 적용한다.

제4조 【정부의 책무】 정부는 재외동포가 대한민국 안에서 부당한 규제와 대우를 받지 아니하도록 필요한 지원을 하여야 한다.

제5조 【재외동포체류자격의 부여】 ① 법무부장관은 대한민국 안에서

활동하려는 외국국적동포에게 신청에 의하여 재외동포체류자격을 부여할 수 있다.

② 법무부장관은 외국국적동포에게 다음 각 호의 어느 하나에 해당하는 사유가 있으면 제1항에 따른 재외동포체류자격을 부여하지 아니한다. 다만, 법무부장관이 필요하다고 인정하는 경우에는 제1호에 해당하는 외국국적동포가 41세가 되는 해 1월 1일부터 부여할 수 있다.

1. 다음 각 목의 어느 하나에 해당하지 아니한 상태에서 대한민국 국적을 이탈하거나 상실하여 외국인이 된 남성의 경우
   가. 현역・상근예비역・보충역 또는 대체역으로 복무를 마치거나 마친 것으로 보게 되는 경우
   나. 전시근로역에 편입된 경우
   다. 병역면제처분을 받은 경우
2. 대한민국의 안전보장, 질서유지, 공공복리, 외교관계 등 대한민국의 이익을 해칠 우려가 있는 경우

③ 법무부장관은 제1항과 제2항에 따라 재외동포체류자격을 부여할 때에는 대통령령으로 정하는 바에 따라 외교부장관과 협의하여야 한다.

④ 재외동포체류자격의 취득 요건과 재외동포체류자격을 취득한 자의 활동 범위는 대통령령으로 정한다.

제6조 【국내거소신고】 ① 재외동포체류자격으로 입국한 외국국적동포는 이 법을 적용받기 위하여 필요하면 대한민국 안에 거소(居所)를 정하여 그 거소를 관할하는 지방출입국・외국인관서의 장에게 국내거소신고를 할 수 있다.

註) '외국인 등록'과 구분

제7조 【국내거소신고증의 발급 등】 ① 지방출입국・외국인관서의 장은 제6조에 따라 국내거소신고를 한 외국국적동포에게 국내거소신고번호

를 부여하고, 외국국적동포 국내거소신고증을 발급한다.

제9조 【주민등록 등과의 관계】 법령에 규정된 각종 절차와 거래관계 등에서 주민등록증, 주민등록표 등본・초본, 외국인등록증 또는 외국인등록 사실증명이 필요한 경우에는 국내거소신고증이나 국내거소신고 사실증명으로 그에 갈음할 수 있다.

제10조 【출입국과 체류】 ① 재외동포체류자격에 따른 체류기간은 최장 3년까지로 한다.

④ 대한민국 안의 거소를 신고하거나 그 이전신고(移轉申告)를 한 외국국적동포에 대하여는 「출입국관리법」 제31조에 따른 외국인등록과 같은 법 제36조에 따른 체류지변경신고를 한 것으로 본다.

⑤ 재외동포체류자격을 부여받은 외국국적동포의 취업이나 그 밖의 경제활동은 사회질서 또는 경제안정을 해치지 아니하는 범위에서 자유롭게 허용된다.

제11조 【부동산거래 등】 ① 국내거소신고를 한 외국국적동포는 「부동산 거래신고 등에 관한 법률」 제9조제1항제1호에 따른 경우 외에는 대한민국 안에서 부동산을 취득・보유・이용 및 처분할 때에 대한민국의 국민과 동등한 권리를 갖는다. 다만, 「부동산 거래신고 등에 관한 법률」 제3조제1항 및 제8조에 따른 신고를 하여야 한다.

제12조 【금융거래】 제12조(금융거래) 주민등록을 한 재외국민과 국내거소신고를 한 외국국적동포는 예금・적금의 가입, 이율의 적용, 입금과 출금 등 국내 금융기관을 이용할 때 「외국환거래법」 상의 거주자인 대한민국 국민과 동등한 권리를 갖는다. 다만, 자본거래의 신고 등에 관한 「외국환거래법」 제18조의 경우에는 그러하지 아니하다.

제13조【외국환거래】 재외국민이 다음 각 호의 어느 하나에 해당하는 지급수단을 수출하거나 외국에 지급하는 경우 「외국환거래법」 제15조와 제17조를 적용할 때 재외국민은 외국국적동포와 동등한 대우를 받는다.

1. 외국에 거주하기 전부터 소유하고 있던 국내 부동산을 매각하거나 수용으로 처분하였을 경우 그 매각 또는 처분대금
2. 외국에서 국내로 수입(輸入)하거나 국내에 지급한 지급수단

제14조【건강보험】 제14조(건강보험) 주민등록을 한 재외국민과 국내거소신고를 한 외국국적동포가 90일 이상 대한민국 안에 체류하는 경우에는 건강보험 관계 법령으로 정하는 바에 따라 건강보험을 적용받을 수 있다.

부 칙 <법률 제12593호, 2014. 5. 20.>

제1조【시행일】 이 법은 2015년 1월 22일부터 시행한다.

제2조【경과조치】 이 법 시행 당시 종전의 규정에 따라 국내거소신고를 한 재외국민으로서 이 법 시행 후에도 법률 제12279호 주민등록법 일부개정법률 제10조의2에 따른 재외국민신고를 하지 아니한 사람에 대하여는 2016년 6월 30일까지 종전의 규정에 따른 국내거소신고 및 국내거소신고증의 효력이 있으며, 모든 재외국민의 국내거소신고 및 거소신고증의 효력은 2016년 7월 1일부터 상실된다.

※ 현재 이 법은 종전의 재외동포체류자격 부여 요건에 '현역・상근예비역・보충역'을 마친자에서 '대체역'이 추가된 것으로 개정되었으므로 부칙은 학습목적상 2015년 시행분을 그대로 둔다.

「재외동포의 출입국과 법적 지위에 관한 법률」을 약칭하여 「재외동포법」이라 하며, 이 법은 재외동포(在外同胞)의 대한민국에의 출입국과 대한민국 안에서의 법적 지위를 보장함을 목적으로 한다.

여기에서 '재외동포'란 용어에 대하여 다시 정의하면 ⅰ) 대한민국 국민으로서 외국의 영주권(永住權)을 취득한 자 또는 영주할 목적으로 외국에 거주하고 있는 자와 ⅱ) 과거에 대한민국의 국적을 보유하였던 자(대한민국정부 수립 전에 국외로 이주한 동포를 포함) 또는 그 직계비속(直系卑屬)으로서 외국국적을 취득한 자 중 대통령령으로 정하는 자를 말하며, 전자를 '재외국민'이라 하고 후자를 "외국국적동포"라고 한다. 즉, '재외동포'라 함은 재외국민과 외국국적동포를 포괄하는 용어이다. 따라서 이 '재외동포법'은 외국에 거주하지만 우리나라 국민인 '재외국민'과 한민족(韓民族)이긴 하나 외국국적을 가진 '외국국적동포'의 대한민국내에서의 법적 지위에 관하여 정하고 있는 법률이다.

그런데 외국국적동포라 하더라도 이들의 국적은 엄연히 외국인이다. 따라서 외국인은 대한민국에의 출입국과 법적 지위에 관하여 원칙적으로 출입국관리법의 적용을 받는다. 고로 외국국적동포라 하더라도 대한민국에 출입 및 체류를 원한다면 출입국관리법에 따라 당연히 체류자격, 즉 비자를 받아야 한다(재외국민은 대한민국국민이기 때문에 비자를 받지 않는다). 다만 외국국적동포는 대한민국국적을 보유하였던 자 또는 그의 직계비속으로서 외국국적을 취득하였던 자로서 그 원류(源流)가 태생적 외국인과는 다르기 때문에 태생적 외국인과 대한민국내에서의 출입국과 법적 지위에 관해 다르게 취급하되, 다만 그 대상은 출입국관리법 제10조에 따른 체류자격 중 '재외동포체류자격' 즉 F-4 VISA를 받은 경우에 한해 이 법의 적용을 받는다.

따라서 '재외동포체류자격'은 모든 외국국적동포에게 주어지는 것이 아니라 오로지 신청에 의하며(재외동포법 제5조), 신청하였다고 다 부여하는 것이 아니라 F-4비자(재외동포체류자격)를 신청한 외국국적동포가 재외동포법 제5조 제2항에서 정한 요건(재외동포체류자격 거부요건 : 주로 병역, 국가안전보장, 질서유지 등에 관한 사항)에 적합한지 여부를 법무부에서 신원조회 및 범죄경력조회 등 여러 가지 자료를 통하여 심사한 후 적합한 자에 한해 부여하고 있다(재외동포법시행령 제4조). 따라서 외국국적동포라 하더라도 F-4비자('재외동포체류자격')를 받지 못한 외국국적동포는 대한민국에의 출입국과 체류기간이나 활동범위는 태생적 외국인과 동일하게 출입국관리법의 적용을 받는 것이지 이 법의 적용을 받는 것이 아니다.

이 법의 적용을 받는 것이 좋은 이유는 이 법의 제정목적이 재외국민과 외국국적동포의 대한민국 내에서의 체류기간을 3년으로 다소 길게 부여하고, 또 취업이나 경제활동이 자유롭게 허용되며(재외동포법 제10조 제5항), 또 금융거래(제12조), 외국한거래(제13조), 건강보험적용(제14조)에 있어 대한민국국민과 동등 혹은 유사한 우대를 받을 수 있게 하고 있다는 것이다. 따라서 이러한 점 때문에 외국국적동포라 하더라도 대한민국 국익에 부합하지 아니하는 자는 이 비자발급을 거부할 수 있는 것이다.

한편, 재외국민과 관련된 주민등록법 개정을 보면, 재외동포법에서는 외국국적동포와 재외국민의 출입국과 체류에 관한 법적지위는 동등하거나 유사한 수준이었고 또한 주민등록이나 인감제도 등과 관련하여서도 외국국적동포와 같이 취급되어 국내거소신고제도 하에 있었으나, 2015.01.22.부터 시행된 재외동포법 부칙 제2조에서 "이 법 시행 당시 종전의 규정에 따라 국내거소신고를 한 재외국민으로서 이 법의 시행 이후에도 법률 제12279호 주민등록법 일부개정법률 제10조의2에 따른 재외국민신고를 하지 아니한 사람에 대하여는 2016년 6월 30일까지 종전의 규정에 따른 국내거소신고 및 국내거소신고증의 효력이 있으며, 모든 재외국민의 국내거소신고 및 거소신고증의 효력은 2016년 7월 1일부터 상실된다."고 규정함으로서 이제 개정된 주민등록법 제10조의2에 따라 다시 재외국민신고를 하여야 하고 종전의 국내거소신고제도는 완전 폐지함으로 인해 재외국민의 국내거소신고제도는 완전히 사라졌다.

한편, 재외동포체류자격(F-4 비자)으로 입국한 외국국적동포는 '재외동포법'을 적용받기 위하여 필요하면 대한민국 안에 거소(居所)를 정하여 그 거소를 관할하는 지방출입국·외국인관서의 장에게 국내거소신고를 할 수 있다(재외동포법 제6조). 따라서 국내거소신고가 의무사항은 아니다. 다만 외국국적동포가 국내거소신고를 하게 되면 국내거소신고번호를 부여하고, 국내거소신고증을 발급한다(재외동포법 제7조)**[자료2]**. 그리고 법령에 규정된 각종 절차와 거래관계 등에서 주민등록증, 주민등록표 등본·초본, 외국인등록증 또는 외국인등록 사실증명이 필요한 경우에는 국내거소신고증이나 국내거소신고사실증명**[자료3][자료4]**으로 그에 갈음할 수 있다(재외동포법 제9조)

한편, 외국국적동포를 포함한 외국인은 취득하려는 토지가 ⅰ)「군사기지 및 군사시설 보호법」제2조제6호에 따른 군사기지 및 군사시설 보호구역, 그 밖에 국방목적을 위하여 외국인등의 토지취득을 특별히 제한할 필요가 있는 지역으로서 대통령령으로 정하는 지역 ⅱ)「문화재보호법」제2조제2항에 따른 지정문화재와 이를 위한 보호물 또는 보호구역 ⅲ)「자연환경보전법」제2조제12호에 따른 생태·경관보전지역 ⅳ)「야생생물 보호 및 관리에 관한 법률」제27조에 따른 야생생물 특별보호구역 등의 어느 하나에 해당하는 구역·지역 등에 있으면 토지를 취득하는 계약을 체결하기 전에 토지취득의 허가를 받아야 한다.

그러나 국내거소신고를 한 외국국적동포는「부동산 거래신고 등에 관한 법률」제9조제1항제1호에 따른 경우, 즉「군사기지 및 군사시설 보호법」제2조제6호에 따른 군사기지 및 군사시설 보호구역, 그 밖에 국방목적을 위하여 외국인등의 토지취득을 특별히 제한할 필요가 있는 지역으로서 대통령령으로 정하는 지역에서 토지를 취득하는 경우에만 허가를 받아야 하고 그 외에는 대한민국 안에서 부동산을 취득·보유·이용 및 처분할 때에 대한민국의 국민과 동등한 권리를 갖는다. <u>다만,「부동산 거래신고 등에 관한 법률」제3조 제1항 및 제8호에 따른 신고는 하여야 한다</u>.

4. 인감증명법

[인감증명법]

제3조【인감신고 등】 ① 인감증명을 받으려는 사람은 미리 그 주소 또는 「주민등록법」 제19조제3항에 따른 행정상 관리주소(이하 "행정상 관리주소"라 한다)를 관할하는 증명청에 인감을 신고하여야 한다.

③ 「출입국관리법」에 따라 <u>외국인등록을 한 사람</u>이 인감증명을 받으려는 경우에는 미리 체류지를 관할하는 증명청에 인감을 신고하여야 한다.

④ 「재외동포의 출입국과 법적 지위에 관한 법률」 제6조제1항에 따라 <u>국내거소신고를 한 외국국적동포</u>가 인감증명을 받으려는 경우에는 미리 그 국내거소를 관할하는 증명청에 인감을 신고하여야 한다.

註) 여기서 '증명청'은 구청, 군청, 시청 등을 말함

⑤ 제1항에 따라 인감을 신고한 사람이 「주민등록법」 제19조제1항 전단에 따른 국외이주신고를 하는 등 대통령령으로 정하는 경우에는 주소 또는 행정상 관리주소를 관할하는 증명청에 그 인감을 신고한 것으로 본다.

제7조 【본인방문 신고의 원칙】 ① 인감의 신고는 신고인이 방문하여 하여야 한다. 다만, 신고인이 질병·징집·복역 등 대통령령으로 정하는 사유로 인하여 방문할 수 없는 경우에는 서면으로 신고를 할 수 있다.(註) 대리신고가 아니 된다는 의미
② 제1항 단서에 따라 서면신고를 할 때에는 신고서에 인감을 신고한 성년자 1명의 보증이 있어야 한다.

[인감증명법시행령]

제8조 【서면에 의한 인감신고】 ① 법 제7조 제1항 단서에서 "대통령령이 정하는 사유로 인하여 방문할 수 없는 경우"라 함은 질병·출산·징집·복역·유학·해외거주 등으로 방문할 수 없는 경우를 말한다. (註) 재외공관을 통해서` 인감신고가 가능하다는 의미
② 법 제7조 제1항 단서의 규정에 의하여 인감을 서면신고하는 때에는 별지 제9호서식에 의한 인감신고서에 인장을 찍은 백지(이하 "인감지"라 한다)와 방문할 수 없는 사유를 증명할 수 있는 서류를 첨부하여야 한다.

제12조 【인감의 말소 및 부활】 ③ 제2항 본문의 규정에 불구하고 질병·출산·징집·복역·유학·해외거주 등으로 인하여 인감을 신고한 본인이 방문할 수 없는 경우에는 별지 제12호서식 또는 별지 제12호의2서식에 의한 인감말소·부활신청서에 그 사실을 증명할 수 있는

서류를 첨부하여야 한다. <개정 2005. 1. 15., 2016. 1. 12.>

부　　칙 <법률 제13018호, 2015. 1. 20.>

제1조 【시행일】 이 법은 2015년 1월 22일부터 시행한다.

제2조 【재외국민 국내거소신고자에 대한 경과조치】 ① 이 법 시행 전 종전의 제3조 제4항에 따라 인감을 신고하지 아니한 사람으로서 법률 제12593호 재외동포의 출입국과 법적 지위에 관한 법률 일부개정법률 부칙 제2조에 따라 국내거소신고 및 국내거소신고증의 효력이 유지되는 재외국민은 2016년 6월 30일까지 종전의 제3조제4항에 따라 국내거소 관할 증명청에 인감을 신고할 수 있다.

② 재외국민이 국내거소 관할 증명청에 인감을 신고한 경우로서 다음 각 호의 어느 하나에 해당하는 경우에는 2016년 7월 1일부터 국내거소 관할 증명청을 제3조 제2항 제1호에 따른 최종 주소를 관할한 증명청으로 보아 최종 주소 관할 증명청에 인감을 신고한 것으로 본다.

1. 이 법 시행 전 종전의 제3조제4항에 따라 재외국민이 국내거소 관할 증명청에 인감을 신고한 경우
2. 이 법 시행 후부터 2016년 6월 30일까지 제1항에 따라 재외국민이 국내거소 관할 증명청에 인감을 신고한 경우

③ 제1항 및 제2항에도 불구하고 국내거소 관할 증명청에 인감을 신고한 이후 법률 제12279호 주민등록법 일부개정법률 제6조 제1항 제3호에 따른 주민등록을 한 경우에는 제3조제1항에 따라 주소를 관할하는 증명청에 인감을 신고한 것으로 본다.

인감증명서를 받으려는 사람은 미리 그 주소 또는「주민등록법」제19조제3항에 따른 행정상 관리주소를 관할하는 증명청에 인감을 신고하여야 한다.「출입국관리법」에 따라 외국인등록을 한 사람(태생적 외국인

및 F-4 비자, 즉 '재외동포체류자격'이 없는 외국국적동포)은 미리 체류지를 관할하는 증명청에(인감증명법 제3조 제3항), 「재외동포의 출입국과 법적 지위에 관한 법률」 제6조제1항에 따라 국내거소신고를 한 외국국적동포는 미리 그 국내거소를 관할하는 증명청에(인감증명법 제3조 제4항) 인감을 신고하여야 한다.

인감을 신고한 재외국민이 「주민등록법」 제19조제1항 전단에 따른 국외이주신고, 즉 해외이주법 제6조에 의한 해외이주신고를 하는 경우에는 주소 또는 행정상 관리주소를 관할하는 증명청에 그 인감을 신고한 것으로 보며(인감증명법 제3조 제5항), 해외이주법 제6조에 따라 신고를 하고 출국하거나, 같은 법 제4조 제3호의 현지이주를 한 경우에는 시장·군수 또는 구청장은 이를 재외국민으로 구분하여 등록·관리 하여야 한다. 즉, 2015년 1월 22일 주민등록법 및 인감증명법이 개정된 이후에는 주민등록은 물론 인감도 재외국민으로 분리하여 별도로 관리하지 인감을 말소하지 않는다.

인감신고는 본인의 직접 방문하여 신청하여야 한다(인감증명법 제7조 제1항). 다만 해외거주 등으로 인하여 인감을 신고한 본인이 직접 방문할 수 없는 경우에는 인감증명법시행령 제12조 제3항의 별지 제12호서식 또는 별지 제12호의2서식에 의해서 이를 위임하여 대리로 신청할 수 있다.

Ⅳ. 공증제도(公證制度)

공증제도를 살펴보는 것은 사실 공증제도, 특히 외국의 공증이 부동산 등기 등에 미치는 영향이 매우 크기 때문이다. 우리나라처럼 공문서가 발행되는 경우 부동산등기를 신청할 때 첨부서면으로 공문서를 첨부하면 아무 문제가 없으나 재외국민, 외국국적동포, 태생적 외국인 등 대한민국의 공문서에 해당하는 공문서를 발급하지 않는 외국에 거주하거나, 설령 이를 발급한다 하더라도 이의 진정성을 믿을 수 없을 뿐만 아니라, 외국 공증인에 의한 공증은 그 진정성이 특히 문제가 될 수 있기 때문에 공증제도는 부동산등기에 있어서 상당한 중요성을 가진다. 여기서 말하는 공증에는 후술하는 '아포스티유' 제도를 포함하는 광의의 개념이며, 부동산등기와 관련되는 공증제도는 ⅰ) 국내 공증인에 의한 공증, ⅱ) 재외공관에 의한 공증, ⅲ) 외국 공증인에 의한 공증 및 아포스티유 제도 등 3가지로 대별될 수 있다.

1. 국내 공증인에 의한 공증

[공증인법]

제2조 【공증인의 직무】 공증인은 당사자나 그 밖의 관계인의 촉탁(囑託)에 따라 다음 각 호의 사무를 처리하는 것을 직무로 한다. 공증인은 위 직무에 관하여 <u>공무원의 지위</u>를 가지는 것으로 본다.

1. 법률행위나 그 밖에 사권(私權)에 관한 사실에 대한 공정증서의 작성
2. 사서증서(私署證書) 또는 전자문서등(공무원이 직무상 작성한 것은 제외)에 대한 인증

3. 이 법과 그 밖의 법령에서 공증인이 취급하도록 정한 사무

특별히 설명할 것이 없다. 국내 공증인의 공증을 받은 서류는 그대로 진정한 첨부서면으로 인정되며, 설령 태생적 외국인이라 하더라도 국내 공증을 받은 경우는 그 첨부서면이 진정한 것으로 인정되기 때문에 특별히 문제되는 것이 없다. 원래 공증이란 '집행력 있는 채권증서'나 '집행력 있는 어음공증'과 같은 공증인이 공정증서를 작성하는 것과 같은 진정한 의미의 공증뿐만이 아니라, 사서증서에 대해 '인증'하는 것을 모두 포괄하는 개념이다.

한편, '대한민국 공증'이란 대한민국 영토 내에서 '공증인법'에 따라 이루어지는 공증**[자료5]**과 후술하는 대한민국 영토 밖에서 '재외공관공증법'에 따라 공증담당영사가 담당하는 공증**[자료6][자료7]**을 통칭한다(재외국민 및 외국인의 부동산등기신청절차에 관한 예규제2조 5호(등기예규 제1686호, 2020.07.01. 시행).

참고 : 공증서와 인증서의 차이

○ 공증서는 의뢰인의 말을 듣고 공증인이 직접 작성한 문서를 말하며, 따라서 이 공증서에는 의뢰인의 자필이 전혀 들어가지 않으며, 이 공증서에는 관련 법률이 정하는 일정한 법적 효력이 부여된다. 그러나 인증서는 의뢰인이 요청한 문서 등에 대하여 그러한 문서의 작성행위가 있었다는 사실에 대한 증명이다.

○ 예를 들어 채권자와 채무자 두사람이 공증사무소에 가서 차용증서를 작성하면서 공증인이 이들의 의사를 확인하고 공증인이 모든 서증을 작성하면서 만약 변제기일까지 변제하지 않으면 강제집행을 할 수 있다는 강제집행 인락의 문서가 작성되면 이는 공정증서로서 판결문과 같은 법적 효력을 가지며, 또 공증에 의한 "유언증서"도 공증인이 유언자의 말을 듣고 직접 작성하는 것이지 유언자가 작성해온 사문서를 인증하는 것이 아니며, 따라서 유언자의 사망이후 이 유언증서는 다시 법원의 검인 등의 절차를 거칠 필요가 없이 유언집행자는 이를 첨부하여 바로 상속등기를 할 수 있다.

○ 그러나 두사람의 의뢰인이 차용증서를 작성하여 공증사무소에 가져가면 공증인은 이 차용증서 앞에 "인증서"("공정증서"가 아님)라는 겉표지와 뒤에 이를 확인하였다는 표시와 공증인의 날인이 들어가는 바, 이는 공정증서가 아니라 사서증서의 "인증"일 뿐이며, 이러한 인증서는 만약 재판에 제출된다면 그러한 문서의 존재 및 그 문서의 진정성립에 대한 다툼이 없는 확실한 증거로서의 가치를 가지는 것이지 그와 다른 특별한 법률적 효과가 부여되는 것은 아니다.

○ 통상 법인 등기시에 법무사가 대리 작성해서 공증을 받는 주주총회 의사록이나 이사회 의사록을 공증을 받는 다고 하나, 사실은 일정한 절차와 첨부서류에 의해 확인한 결과 이러한 문서가 작성되었다는 사실에 대한 인증을 받는 것이며, 따라서 공증받은 의사록 표지에는 "공증서"라고 표시되어 있지 않고 "인증서"라고 표기된다.

2. 재외공관에 의한 공증

[재외공관공증법]

제1조 【적용】 대한민국 영토 밖에서의 공증(公證)에 관한 사무는 이 법에서 정하는 바에 따른다.

제3조 【공증담당영사의 권한과 직무수행】 ① 공증담당영사는 소속 공관의 관할구역에서 당사자나 그 밖의 관계인의 촉탁(囑託)을 받아 다음 각 호에 관한 사무를 처리한다.

1. 법률행위나 그 밖에 사권(私權)에 관한 사실에 대한 공정증서(公正證書)의 작성
2. 사서증서(私署證書)의 인증
3. 공증에 관계되는 문서의 확인

제30조 【주재국 공문서 등의 확인】 ① 공증담당영사는 주재국 공무원이 발행하였거나 주재국 공증인이 공증한 문서에 찍힌 도장 또는 서명의 진위 여부와 그 공무원이나 공증인의 직위를 확인할 수 있다. 다

만, 주재국이 「외국공문서에 대한 인증의 요구를 폐지하는 협약」(이하 "아포스티유 협약"이라 한다)의 가입국인 경우에는 아포스티유 협약에서 정하는 바에 따른다.

② 제1항 본문에 따른 확인은 공증담당영사가 해당 공무원 또는 공증인의 도장이나 서명 및 직위를 대통령령으로 정하는 서명부(署名簿)와 대조하는 방법으로 하여야 한다. 다만, 다음 각 호의 어느 하나에 해당하는 경우에는 주재국 관계 기관에 직접 조회하는 방법으로 하여야 한다.

1. 해당 공무원의 도장이나 서명 및 직위가 서명부에 없는 경우
2. 해당 공증인의 도장이나 서명 및 직위가 서명부에 없는 경우
3. 대한민국 국가기관이 주재국 관계 기관에 직접 조회하여 줄 것을 요청하는 경우

제31조【확인서의 발행 등】 ① 공증담당영사는 제30조 및 제30조의2에 따라 확인을 하는 경우 확인 대상 문서에 여백이 있으면 그 여백에 하고, 여백이 없으면 별도의 확인서를 작성하여 확인 대상 문서와 함께 묶어 발행하여야 한다.

제33조【「공증인법」과의 관계】 공증사무에 관하여 이 법에 규정되지 아니한 것은 「공증인법」에 따른다.

대한민국 내에서의 공증은 당연히 대한민국 공증인이 담당하나, 대한민국 영토 밖에서의 공증사무는 재외공관에서 공증담당영사가 한다(재외공관공증법 제1조).

공증담당영사는 소속 공관의 관할구역에서 당사자나 그 밖의 관계인의 촉탁(囑託)을 받아 ⅰ) 법률행위나 그 밖에 사권(私權)에 관한 사실에

대한 공정증서(公正證書)의 작성, ⅱ) 사서증서(私署證書)의 인증 및 ⅲ) 공증과 관계되는 문서의 확인을 담당하게 된다(재외공관공증법 제3조).

우리나라 공증인법 제2조에서 규정하는 공증인의 직무는 당사자나 그 밖의 관계인의 촉탁(囑託)에 따라 ⅰ) 법률행위나 그 밖에 사권(私權)에 관한 사실에 대한 공정증서의 작성, ⅱ) 사서증서(私署證書) 또는 전자문서등(공무원이 직무상 작성한 것은 제외)에 대한 인증과 ⅲ) 이 법과 그 밖의 법령에서 공증인이 취급하도록 정한 사무에 대하여 공정증서의 작성이나 사서증서의 인정을 담당하게 되며, 공증사무에 관하여 재외공관공증법에 규정되지 아니한 것은 「공증인법」에 따르게 규정되어 있고(재외공관공증법 제33조), 공증인은 위 직무에 관하여 공무원의 지위를 가지는 것으로 보고 있으므로 공증담당영사나 국내 공증인은 관할구역만 다를 뿐 거의 동일한 공증업무를 담당하고 있다.

재외공관의 위와 같은 공정증서의 작성이나 사서증서의 인증은 우리나라 국민인 외국에 거주하는 재외국민을 위한 업무로서 하는 것이지 외국인을 위한 전문 공증기관이 아니다. 따라서 태생적 외국인은 물론이고 외국국적동포도 외국인이므로 재외공관에 공증업무를 신청할 수 없고, 재외공관도 이들의 공증업무를 처리하지는 않는 것이 원칙이다.

다만, 공증담당영사는 외국인을 위한 공정증서의 작성이나 사서증서의 인증업무는 하지 않지만 주재국 공무원이 발행하였거나 주재국 공증인이 공증한 문서에 찍힌 도장 또는 서명의 진위 여부와 그 공무원이나 공증인의 직위를 확인하는 '공문서 등의 확인'업무는 할 수 있다(재외공관공증법 제30조 제1항 전단). 확인의 방법은 외국의 해당 공무원 또는 공증인의 도장이나 서명 및 직위를 서명부(署名簿)와 대조하는 방법으로 하되, ⅰ) 해당 공무원의 도장이나 서명 및 직위가 서명부에 없는 경우나 ⅱ) 해당 공증인의 도장이나 서명 및 직위가 서명부에 없는 경우에는 주재국 관계 기관에 직접 조회하는 방법으로 한다.

우리나라가 아포스티유협약에 가입하고, 국회의 비준을 거쳐 2009.12. 30. 재외공관공증법 제30조에 법제화 되기 이전에는 위와 같이 재외공관에서 외국 공문서나 외국 공증인의 공증서의 진위여부를 확인하였다. 그러나, 주재국이 「외국공문서에 대한 인증의 요구를 폐지하는 협약」, 즉 「아포스티유 협약」의 가입국인 경우에는 아포스티유 협약에서 정하는 바에 따른다(재외공관공증법 제30조). 다시 말해 아포스티유협약에 가입한 국가의 공문서 등의 진위여부는 재외공관에서 확인하지 않고 아포스티유의 부착으로 하며, 다만 아포스티유협약에 가입하지 않은 국가의 공문서 등의 진위여부는 달리 확인할 방법이 없으므로 보조적으로 재외공관에서 종전처럼 계속한다는 한정적 의미이지 주재국 공무원이나 공증인이 공증한 모든 문서의 진위여부를 확인해준다는 의미는 아니다. 즉, 대한민국 재외공관은 외국인을 위한 전문 공증기관이 아니라는 의미이다.

재외공관공증법 개정취지(2009.12.30.외교통상부)

외국 공문서의 국제적 활용을 쉽게 하기 위하여 외국 공관의 영사 확인 등 복잡한 인증절차를 폐지하는 대신에 공문서 발행국가의 인증만 있으면 되도록 하는 「외국공문서에 대한 인증의 요구를 폐지하는 협약」(이하 「아포스티유 협약」)이 2007년 7월 14일부터 우리나라에서 발효됨에 따라, 이 법상의 영사확인 절차 규정이 「아포스티유 협약」에 상충되지 않도록 정비하고, 시각장애인이 공증을 촉탁할 경우 시각장애인의 친족도 공증의 참여인이 될 수 있도록 국민불편법령을 정비하는 것임

[개정전 조문]

제30조 【문서의 확인 등】 ① 영사관은 촉탁인의 청구가 있을 때에는 주재국공무원이 발행하였거나 주재국공증인이 공증한 문서상에 날인된 인장이나 서명의 진실성과 당해 공무원 및 공증인의 직위를 확인할 수 있다.

② 영사관은 당해 문서가 영사관할구역안에서 발행되었다는 사실 또는 관할재외공관을 경유하였다는 사실에 대하여 확인할 수 있다.

③ 제2항의 규정에 의하여 영사관이 확인할 문서의 종류와 범위는 대통령령으로 정한다.

3. 아포스티유(Apostille) 제도

외국 공문서 등의 인정제도, 즉 외국 공문서에 대한 인증의 요구를 폐지하는 협약인 일명 아포스티유 협약(Convention Abolishing the Requirement of Legalisation for Foreign Public Documents)의 내용을 개관한다.

가. 논의의 출발점

부동산등기나 상업등기 등과 관련하여 등기소에 외국기관이 발행하는 공문서의 제출이 요구되는 경우(비단 등기뿐만 아니라 재판에 제출되는 외국 발행 공문서도 마찬가지) 수많은 외국기관에서 발행되는 다양한 공문서의 진정성에 대하여 등기관은 물론 그 외국공문서를 필요로 하는 공무원 등이 확인하기는 사실상 불가능하다. 따라서 한 국가의 문서가 다른 국가에서 인정받기 위해서는 문서의 국외사용을 위한 확인(Legalization)절차가 필요하다.

재외공관은 우리나라 국민인 재외국민을 위해 대한민국 영토 밖인 주재국에서의 ⅰ) 공정증서의 작성, ⅱ) 사서증서의 인증 및 ⅲ) 공증과 관계되는 문서의 확인을 하게 되며, 이는 우리나라 국민을 위한 업무이다.

그러나 동법 제30조 제1항에서 "공증담당영사는 주재국 공무원이 발행하였거나 주재국 공증인이 공증한 문서에 찍힌 도장 또는 서명의 진위 여부와 그 공무원이나 공증인의 직위를 확인할 수 있다"고 규정하여 주재국 공무원이 발행하였거나 주재국 공증인이 공증한 문서를 우리나라에서 공적으로 제출하는 경우 주재국 소재 우리나라 재외공관의 확인을 받아 제출하도록 하였고, 이렇게 하여야 문서의 진정성이 인정되었다.

그러나 외국의 공문서가 재외공관에 확인을 신청할 경우 재외공관은 1차적으로 공문서에 날인된 도장이나 서명이 진정한 것이지를 '서명부'와 대조하는 방법으로 확인하고, 그것이 불가능하다면 2차적으로 주재국의 일정 기관(예를 들면 외교부 혹은 법무부)에 진위여부의 확인을 요청하여 다시 이 문서를 우리나라 재외공관이 확인하는 등 복잡한 절차를 거쳐야 하는 바, 공관의 영사가 이 문서를 확인할 때 주재국 공문서인지 여부를 신속하게 확인하기 힘들어 확인에 장시간이 소요되는 불편이 있어 왔으며,

이러한 절차의 복잡성으로 인한 불편을 해소하기 위해 절차를 단순화 、획일화 하는 다자간 협약이 있게 되었는데, 이것이 바로 「외국 공문서에 대한 인증의 요구를 폐지하는 협약」, 일명 아포스티유협약(Apostille)이다.

이는 문서가 제출될 국가의 재외공관(영사관)의 확인을 요구하였던 제도를 **폐지**하고, 대신 문서가 작성된 국가의 권한 있는 기관에 의하여 발행된 하나의 통일된 증명서 즉, 아포스티유(Apostille)를 제출하면 그 외국공문서는 국내공문서와 동일한 증거력을 갖게 한다는 협약이다.

나. 우리나라의 동 협약에의 가입

동 아포스티유협약은 1961.10.05 헤이그에서 작성되어 1965.01.24 발효되었고, 우리나라는 2006.09.29. 국회에서 동 협약을 비준하였으며, 준비기간을 거쳐 2007.07.14.에 발효되었고, 2009.12.30. 이 제도가 재외공관공증법에 규정화되었으며, 2021.09.16. 현재 121개국이 가입되어 있다.

다. 아포스티유 협약의 내용

협약의 주요내용은 다음과 같으며, 이 협약의 전문과 조문은 별표와 같다.

i) 검찰기관 및 법원의 사무、집행기관이 발행하는 문서를 포함하여 국가법원과 관련된 당국 또는 공무원이 발행하는 문서

ⅱ) 행정문서
ⅲ) 공증인의 직무상 작성된 문서
ⅳ) 사서증서에 부가되는 것으로서 등록사실의 기재, 특정 일자에 대한 검인 및 서명의 인증과 같은 공적 기술서

공문서의 범위는 아포스티유협약 제1조 제2문에서 다음과 같은 4가지 유형을 열거하고 있으며, 한 협약가입국에서 작성된 것으로서 다른 협약가입국에 제출되어야 하는 모든 공문서에 적용된다. 따라서 우리나라 공문서가 외국에 제출될 때도 당연히 우리나라 아포스티유가 부착되어야 한다**[자료8]**

여기서 공문서란 위에서 열거하고 있듯 공무원이 작성한 공문서뿐만 아니라, 공증인에 의하여 인증된 개인이나 단체가 작성한 사서증서를 포함하는 개념이다. 따라서 결론적으로 아포스티유의 대상은 ① 공문서와 ② 공증인에 의하여 인증된 사문서이다(이하 '공문서 등'이라 한다).

라. 인정의 개념 및 인증면제의 원칙

여기서의 인증은 문서가 제출되어야 하는 국가의 영사관이 주재국에서 발행되는 공문서와 공증문서의 서명하는 사람의 자격과 서명의 진정성 및 인영、스탬프의 동일성을 증명한다는 의미이다.

그런데 아포스티유협약의 가입국은 자국에 제출되는 외국의 공문서 등에 대하여는 문서가 작성된 국가의 당국에 의하여 작성된 아포스티유를 첨부하면 이 공문서 등에 서명한 사람의 자격과 서명의 진정성 및 인영、스탬프의 동일성은 증명되는 것이며, 따라서 이에 대한 우리나라 영사관의 확인 등은 별도로 필요하지 않다는 의미이다(협약 제5조).

마. 외국 공문서 등에 대한 재외공관의 '확인'과 아포스티유의 관계

우리나라의 경우 협약가입국 발행 공문서에 대하여 아포스티유를 첨부하거나 이를 첨부하지 않고 영사확인은 받아 제출할 수 있는가의 임의적 선택사용에 대하여 아포스티유 협약 가입국은 아포스티유만 발급받아 제출하여야 하며, 이 협약에 가입하지 않은 국가에 한해 영사확인을 받아야 한다고 함으로써 병행사용은 불가함을 천명하고 있다.

따라서 협약가입국의 공문서 등을 우리나라에 제출하기 위하여는 그 공문서 등에 가입국의 아포스티유를 부착하여야 하고, 그 공문서 등의 진정성 등에 대하여 재외공관에서는 '확인'하여 주지 아니한다. 다만 이 협약에 가입하지 않은 국가에서 생산되는 공문서 등은 그 나라의 특정기관(대개 외교부)의 인정을 거쳐 다시 우리나라 재외공관의 '확인'을 거쳐 제출하여야 한다**[자료 9]**. 이에 대하여 '외교부 해외안전여행' 홈페이지에 게시되어 있는 내용을 소개한다.

외교통상부 해외안전여행 홈페이지
(www.0404.go.kr의 Q&A)

[우리나라에서 외국으로 공문서 등을 보내는 경우]

Q : 아포스티유와 영사확인의 차이점이 무엇인가요?

A : 문서를 제출할 국가의 아포스티유 협약 가입 여부에 따라 확인 절차가 다릅니다. 아포스티유 협약에 가입한 국가에 제출할 경우 외교부(법무부)에서 아포스티유 확인받은 후 제출하면 됩니다. 아포스티유 협약에 가입하지 않은 국가에 제출할 경우 외교부에서 확인을 받고 우리나라에 주재하는 문서 제출국가의 주한공관에서 다시 영사확인 후 제출하시면 됩니다.

[외국에서 우리나라로 공문서 등을 보내는 경우]

A : 반대로 외국의 공문서 등을 우리나라에 제출할 경우 그 외국이 협약가입국이라면 그 나라에서 발행하는 아포스티유 확인을 받아 제출하면 되고, 가입국이 아니라면 공문서 등에 그 나라 담당기관(법무부 혹은 외교부)의 확인을 받고 아포스티유에 갈음하여 이를 그 나라 주재 대한민국 재외공관의 영사확인을 받아 제출하여야 합니다.

[아포스티유와 영사확인 병행가능성]

Q : 아포스티유 확인과 영사확인이 병행 가능한가요?

A : 아포스티유와 영사확인은 병행 발급이 불가능합니다. 아포스티유 협약 가입국은 아포스티유만 발급 가능하며 나머지 국가는 영사확인을 받으셔야 합니다.

바. 증명서(apostille)의 방식<별첨 참조>

○ i) 문서 그 자체에 붙이는 부착방식과, ii) 별전지로 붙이는 방법 병행
○ 그러나 "Apostille"이라는 표제는 반드시 프랑스어로 기재(협약 제4조)
○ 모델은 협약서 부속 증명서 모형 사용

사. 증명서(apostille)를 발행할 기관

○ 각 협약가입국이 스스로 결정(협약 제6조)
○ 우리나라의 경우 외교통상부, 법무부, 법원행정처 등 3개기관

※ 외교통상부 영사민원실에서 발부하며, 법무부가 발행하는 경우도 외교통상부 영사민원실에 법무부 창구가 별도 설치되어 있으므로 외교통상부에서 발급받을 수 있으며, 아포스티유 확인을 받고 싶은 문서를 외교부 영사민원실에서 접수하면 제출된 서류를 심의한 후 서류 맨 뒷면의 상단 중앙에 아포스티유 스티커를 부착하고 외교부(법무부)직인을 찍어서 교부한다.

[가입국현황(2021. 09. 16 현재 121개국)]

대 륙	가 입 국
아시아, 대양주	호주, 뉴질랜드, 니우에, 마샬군도, 모리셔스, 몽골, 바누아투, 브루나이, 사모아, 인도, 일본, 중국일부**(마카오, 홍콩), 쿡제도, 타지키스탄, 통가, 피지, 필리핀, 한국, 팔라우, 싱가포르
유럽	그리스, 네덜란드, 노르웨이, 덴마크, 독일, 라트비아, 러시아, 루마니아, 룩셈부르크, 리투아니아, 리히텐슈타인, 마케도니아, 모나코, 몬테네그로, 몰도바, 몰타, 벨기에, 벨라루스, 보스니아, 헤르체코비나, 불가리아, 산마리노, 세르비아, 스웨덴, 스위스, 스페인, 슬로바키아, 슬로베니아, 아르메니아, 아이슬란드, 아일랜드, 아제르바이잔, 안도라, 알바니아, 에스토니아, 영국, 오스트리아, 우즈베키스탄, 우크라이나, 이탈리아, 조지아, 체코, 카자흐스탄, 코소보, 크로아티아, 키르키즈스탄, 키프로스, 터키, 포르투갈, 폴란드, 프랑스, 핀란드, 헝가리
북미	미국(괌, 마우리제도, 사이판, 푸에르토리코 포함)
중남미	가이아나, 과테말라, 그라나다, 니카라과, 도미니카공화국, 도미니카연방, 멕시코, 바베이도스, 바하마, 베네수엘라, 벨리즈, 볼리비아, 브라질, 세인트루시아, 세인트빈센트, 세인트키츠네비스, 수리남, 아르헨티나, 앤티가바부다, 에콰도르, 엘살바도르, 온두라스, 우루과이, 칠레, 코스타리카, 콜롬비아, 트리니다드토바고, 파나마, 페루, 파라과이, 자메이카
아프리카	나미비아, 남아프리카공화국, 라이베리아, 레소토, 말라위, 보츠와나, 상투메프린시페, 세이셸, 스와질랜드, 카보베르데, 브룬디, 튀니지
중동	모로코, 바레인, 오만, 이스라엘

Ⅴ. 부동산등기 첨부서면 검토

이에 대하여는 앞에서 설명한 법령 등의 관련규정과 다음의 예규 및 규정·규칙 등을 중심으로 설명하며, 이 중에서 가장 포괄적이고 중심이 되는 것은 아래의 ⅰ) 번 등기예규 제1686호이라고 할 수 있겠다. 관련 예규 및 규정은 2020년 6월 10일을 기준으로 하며 '예규 등'은 개정되는 경우가 많으므로 항시 이를 유의할 필요가 있다.

ⅰ) 재외국민 및 외국인의 부동산등기신청절차에 관한 예규(등기예규 제1686호, 2020.06.10. 시행)
ⅱ) 등기필정보가 없는 경우 확인조서 등에 관한 예규(등기예규 제1664호, 2019.01.01. 시행)
ⅲ) 법인 및 재외국민의 부동산등기용등록번호 부여에 관한 규칙(대법원규칙 제3021호, 2022.03.01. 시행)
ⅳ) 법인 아닌 사단·재단 및 외국인의 부동산등기용 등록번호 부여절차에 관한 규정(대통령령 제30376호, 2020.01.29. 시행)

※ 위의 예규들은 이 책 후면에 첨부되어 있음

1. 인감증명서

[재외국민 및 외국인의 부동산등기신청절차에 관한 예규 (등기예규 제1686호)]

제12조 【외국인의 인감증명 제출】

① 인감증명을 제출하여야 하는 자가 외국인인 경우에는 「출입국관

리법」에 따라 외국인등록을 하거나 「재외동포의 출입국과 법적 지위에 관한 법률」에 따라 국내거소신고를 하여 「인감증명법」에 따라 신고한 인감증명을 제출하거나 본국의 관공서가 발행한 인감증명(예: 일본, 대만)을 제출하여야 한다.

② 외국인등록이나 국내거소신고를 하지 않아 「인감증명법」에 따른 인감증명을 발급받을 수 없고 또한 본국에 인감증명제도가 없는 외국인은 인감을 날인해야 하는 서면이 본인의 의사에 따라 작성되었음을 확인하는 뜻의 본국 관공서의 증명이나 본국 또는 대한민국 공증인의 인증(대한민국 재외공관의 인증을 포함한다, 이하 같다)을 받음으로써 인감증명의 제출을 갈음할 수 있다. 이 경우 제9조제3항을 준용한다.

제9조 【재외국민의 인감증명 제출】

① 재외국민이 규칙 제60조 제1항 제1호부터 제3호까지(註 : 부동산등기규칙을 의미) 에 해당하는 등기신청을 하거나 같은 항 제4호부터 제7호까지의 서류를 작성하는 경우에 체류국을 관할하는 대한민국 재외공관(「대한민국 재외공관 설치법」 제2조에 따른 대사관, 공사관, 대표부, 총영사관과 영사관을 의미하며, 공관이 설치되지 아니한 지역에서 영사사무를 수행하는 사무소를 포함한다, 이하 같다)에서 인감을 날인해야 하는 서면에 공증을 받았다면 인감증명을 제출할 필요가 없다.

② 제1항의 경우 중 규칙 제60조 제1항 제1호부터 제3호까지에 해당하는 등기신청을 하는 경우에는 등기의무자가 재외국민임을 증명하는 정보로서 재외국민등록부등본을 등기소에 제공하여야 한다.

③ 1항에 따른 공증은 인감을 날인해야 하는 서면 그 자체에 받아야 하는 것이며, 그 서면과 별도의 문서에 서명이나 날인을 하고 그에 대한 공증을 받은 것이어서는 아니 된다.

제3조 【외국공문서에 대한 확인】

① 첨부정보가 외국에서 발행된 공문서(외국 공증인이 공증한 문서를 포함한다. 이하 같다)인 경우에는 규칙 제46조제9항에 따라 다음 각 호의 구분에 따른 확인을 받아 등기소에 제공하여야 한다.

1. 「외국공문서에 대한 인증의 요구를 폐지하는 협약」(이하 '협약'이라 한다)을 체결한 국가(한 국가 내의 특수한 지역을 포함한다, 이하 같다. 체약국의 예: 미국, 일본, 호주, 러시아, 홍콩)에서 발행한 공문서의 경우에는 해당 국가의 아포스티유(Apostille) 발행 권한기관(예: 외교부, 국무부, 법원, 교육청 등 국가마다 상이함)에서 발행한 아포스티유 확인
2. 협약을 체결하지 않은 국가(예: 캐나다, 중국, 싱가포르, 대만, 베트남)에서 발행한 공문서의 경우에는 「재외공관 공증법」 제30조제1항 본문에 따라 해당 국가에 주재하는 대한민국 공증담당영사의 확인

② 등기관은 협약가입국 현황(www.0404.go.kr)을 참조하여 제1항에 따른 확인이 없는 경우에는 보정을 명하여야 한다. 다만, 다음 각 호의 어느 하나에 해당하는 경우에는 그러하지 아니하다.

1. 첨부정보가 외국의 외교·영사기관이 작성 또는 공증한 문서인 경우(예 : 주한 미국대사관에서 공증받은 문서)
2. 대한민국과 수교를 맺지 않고 또한 위 협약에도 가입하지 않은 국가(예 : 쿠바, 시리아)에서 발행된 공문서인 경우
3. 신분증 원본

가. 외국인(태생적 외국인 및 외국국적동포)

부동산등기와 관련하여 인감증명서를 첨부해야 하는 경우 태생적 외국인은 물론, 외국국적동포도 외국인으로서 인감증명서에 관하여 특별히

예외적인 규정을 두고 있지 아니하므로 아래 기준이 동일하게 적용된다.

한편, 인감증명서를 제출한다함은 첨부서면 중 인감도장을 날인해야 하는 곳에 인감을 날인하고, 그 날인이 인감도장이 맞는지 확인하기 위한 서류가 인감증명서이므로 인감증명서를 첨부한다함은 인감도장을 날인하였다는 의미가 함축되어 있는 것이다.

(1) 인감제도가 있는 국가의 외국인(일본, 대만 등)

자국에 인감증명제도가 있는 경우 반드시 자국의 관공서가 발행한 인감증명서를 첨부하여야 하며, 인감증명서를 대신할 수 있는 '공증'이나 '확인' 등으로 이를 대체할 수는 없다.

따라서 자국 관공서 발행의 인감증명서에 i) 아포스티유 협약 가입국의 경우는 아포스티유를, ii) 가입하지 않은 국가의 경우는 자국 소재 대한민국 공증담당영사의 확인을 받은 인감증명서를 첨부하여야 한다.

다만 아포스티유 협약에도 가입하지 않고 대한민국과 수교를 하지 않아 재외공관이 없는 국가(예 : 쿠바, 시리아)에서 발행된 '공문서'의 경우는 예외로 그대로 제출할 수 있다.

설령 인감제도가 있는 국가의 외국인이 국내에 체류하고 있다 하더라도 후술하는 '외국인등록'을 함에 따라 시、군、구청장으로부터 발급받은 인감증명서를 제출하지 않는 한 인감을 날인해야 하는 서류에 본인이 직접 서명하였다는 국내 공증인의 공증을 받아 제출할 수 없음을 유의해야 한다.

(2) 인감제도가 없는 국가의 외국인

인감을 날인해야 하는 문서에 본인이 직접 서명하였다는 자국의 공증인의 공증을 받고 ⅰ) 아포스티유 협약 가입국의 경우는 아포스티유를**[자료10]**, ⅱ) 가입하지 않은 국가의 경우는 자국 소재 대한민국 공증담당영사의 확인을 받아**[자료11]** 첨부하여야 한다.

다만, 그 외국인이 국내에 체류하는 경우에는 국내 공증인의 공증을 받아 제출할 수도 있으며, 이 때는 아포스티유 등을 부착할 필요가 없다. 그 이유는 아포스티유는 제출하는 문서가 외국국가나 외국공증인이 발행하는 공문서일 때 부착하는 것이지만 국내공증인의 공증증서는 외국국가나 외국공증인이 발행하는 것이 아니기 때문이다. 한편, 외국국가기관에서 발행한 문서임에도 불구하고 '주한 미국대사관에서 공증받은 문서'와 같이 외국의 외교、영사기관이 작성 또는 공증한 문서나 신분증 원본에는 아포스티유 부착의무를 면제하고 있다.

한편, 종전부터 본국에 인감증명제도가 없고 또한 「인감증명법」에 따른 인감증명을 받을 수 없는 자는 신청서나 위임장 또는 첨부서면에 본인이 서명 또는 날인하였다는 뜻의 본국 관공서의 증명이나 본국 또는 대한민국 공증인의 인증을 받아 제출할 수 있게 되어 있었으나 2018.08.31. 부동산등기규칙 제61조 제4항 및 이후 예규 제1686호의 개정으로 대한민국공증에 재외공관의 '인증'을 포함함으로써 재외공관에서의 서명인증으로 인감증명의 제출을 대신할 수 있게 되었다**[자료11]**.

그렇다고 하더라도 우리나라 재외공관은 외국인 또는 외국국적동포에 대한 관할권이 없을 뿐만 아니라 재외공관은 우리 국민을 위해 존재하는 것이지 외국인도 누구나 이용할 수 있는 '전문공증기관'이 아니기 때문에 외국인에 대한 일반적인 공증을 한다는 의미가 아니고, 인감증명서를 제출하여야 할 경우에 한해 서명에 대한 인증을 해준다는 의미이다.

(3) 국내 장기체류하는 경우(인감증명제도가 있는 국가의 외국인이라도)

태생적 외국인이건 외국국적동포이건, 또 인감증명제도가 있는 국가의 국민이건 없는 국가의 국민이건 90일 이상 체류할 목적으로 장기체류비자를 발급받아 입국한 경우 반드시 '외국인등록'를 하여야 하고, 이 경우 출입국관리소에 인감신고후 인감증명서를 발급받을 수 있으므로 인감증명서를 제출할 수 있다**[자료12]**.

즉, 인감증명제도가 있는 국가의 외국인도 자국의 인감증명서에 아포스티유를 부착하여 제출해도 되고, 우리나라에 등록한 인감증명서를 제출하여도 무방하다. 다만 외국국적동포의 경우 '외국국적동포 체류자격' 즉, F-4 비자로 국내에 체류할 경우에 한해 '재외동포법'의 적용을 받아 '외국인등록'이 아닌 '국내거소신고'를 하게 되어 있고, 이 경우도 역시 인감신고후 인감증명서를 발급받을 수 있으므로 인감증명서를 첨부하면 된다**[자료13].**

(4) 부동산의 처분위임 등 포괄적 위임의 경우('처분위임장')

[재외국민 및 외국인의 부동산등기신청절차에 관한 예규
(등기예규 제1686호)]

제5조 【처분권한의 위임과 대리인의 등기신청】

① 등기명의인인 재외국민이나 외국인이 국내 또는 국외에서 부동산의 처분권한을 대리인에게 수여한 경우에는 처분대상 부동산과 처분

의 목적이 되는 권리 및 대리인의 인적사항을 구체적으로 특정하여 작성한 처분위임장을 등기소에 첨부정보로서 제공하여야 한다.

② 권리의 처분권한을 수여받은 대리인은 본인의 대리인임을 현명하고 대리인의 자격으로 작성한 원인증서를 제공하여야 한다.

③ 규칙 제60조 제1항 제1호부터 제3호까지에 해당하는 등기신청을 하는 경우에는 제1항의 처분위임장에 등기명의인의 인감을 날인하고 그 인감증명을 제출하여야 한다. 이 경우 인감증명을 제출하여야 하는 자가 재외국민인 경우에는 제9조를, 외국인인 경우에는 제12조를 준용한다.(註 : 여기의 '제9조', 제12조'는 이 등기예규 제1686호의 해당 조를 의미)

④ 제3항의 경우 권리의 처분권한을 수여받은 대리인이 본인을 대리하여 등기를 신청할 때에는 등기신청서에, 자격자대리인 등에게 등기신청을 위임할 때에는 등기신청위임장에 대리인의 인감을 날인하고 그 인감증명을 제출하여야 한다. 다만, 매매를 원인으로 하는 소유권이전등기를 신청하는 경우에 대리인의 인감증명은 매도용으로 발급받아 제출할 필요가 없다.

외국인이 국내에 체류하고 있건 외국에 체류하고 있건 부동산의 처분권한을 대리인에게 수여한 경우에는 아래의 3가지 사항을 구체적으로 특정하여 작성한 '처분위임장'을 첨부정보로 등기소에 제공하여야 한다.

i) 처분대상의 부동산,
ii) 처분의 목적이 되는 권리,
iii) 대리인의 인적사항

처분위임장은 필자가 만든 샘플위임장**[자료14]** 외에 여러 가지 형태로 작성되어 사용되고 있으므로 위의 사항들이 담겨 있다면 별 문제가 없을 것으로 보인다.

참고로 첨부된 '미 시민권자의 위임장' 양식은 주미한국대사관에서 미국국적의 동포를 위해 대사관 홈페이지에서 제시하고 있는 것이므로 참고하면 될 것 같다**[자료15]**.

이 때 부동산등기규칙 제60조 제1항 제1호 내지 제3호까지의 등기를 신청하는 경우에는 처분위임장에 등기명의인의 인감을 날인하고 인감증명서를 제출하여야 하는바, 이 때 인감증명서에 관해서는 인감증명을 제출하여야 하는 자가 재외국민인 경우에는 제9조를, 외국인인 경우에는 제12조를 준용하도록 하고 있으므로 중복되지만 이를 다시 한번 설명하면

(가) 그 외국인이 국내에 체류중인 경우에는

ⅰ) 외국인등록이나 국내거소신고를 한 외국인은 신고된 인감증명서를 제출하거나(위에서 말한 바와 같이 설령 그 외국에 인감증명제도가 있다 하더라도 이 방법 가능)

ⅱ) 여기에 해당하지 않는 외국인인 경우에는 그 처분위임장에 국내 공증인의 공증을 받아 제출하고**[자료14]**

(나) 그 외국인이 국내에 입국하지 않은 경우에는

ⅰ) 본국에 인감증명제도가 있는 국가의 국민은 본국 관공서가 발행한 인감증명서(예 : 일본, 대만)에 아포스티유협약 가입국의 경우 아포스티유를 부착, 미가입국의 경우 대한민국 재외공관의 인증을 받아 제출하거나

ii) 인감증명제도가 없는 국가의 국민은 처분위임장이 본인의 의사에 따라 작성되었음을 확인하는 뜻의 본국 관공서의 증명이나 본국 공증인의 인증을 받아 아포스티유협약 가입국의 경우 아포스티유를 부착하여**[자료16] [자료17] [자료18],** 가입국이 아닌 경우 대한민국 재외공관의 인증을 받아 제출한다. 나아가 2018.08.31. 부동산등기규칙 및 이후 등기예규 제1686호의 개정으로 주재국 재외공관의 서명 인증을 받아 제출해도 무방하다(동 예규 제12조 제2항).

> 註) 반복되지만 우리나라 재외공관은 외국인을 위한 공증이나 인증기관이 아니다. 따라서 외국인의 사서증서, 외국기관이 발행한 공문서, 외국 공증인이 공증한 문서의 인증이나 확인기관이 아니므로 이러한 문서들은 재외공관의 인증이나 공증이 아닌 아포스티유를 부착하여야 한다. 다만 우리나라에 제출할 문서 중 '인감'을 날인하고 인감증명서를 첨부해야 할 문서에 한해 외국인이라도 우리 재외공관에서 자필 서명에 대한 인증을 해준다는 의미이며, 이러함이 정부가 지향하는 전반적인 흐름으로 보임(이러한 흐름에 따라 상속재산분할협의서에 인감날인 대신 우리 재외공관의 인증을 인정하고 있음)

이 때 매매계약서 등 '등기의 원인증서'는 외국인이 날인한 원인증서가 아니라 대리인이 본인의 대리인임을 현명하고 대리인의 자격으로 작성한 원인증서, 즉 대리인이 기명날인한 매매계약서 등을 원인서면으로 제공하여야 한다.

이에 더하여 대리인이 본인을 대리하여 직접 등기를 신청할 때에는 등기신청서에, 법무사 등 자격자대리인에게 등기신청을 위임할 때에는 등기신청위임장에 본인이 아닌 '대리인'의 인감을 날인하고 그 '대리인의 인감증명'을 제출하여야 하며, 다만 매매를 원인으로 하는 소유권이전등기를 신청하는 경우에 대리인의 인감증명은 매도용으로 발급받아 제출할 필요가 없다.

나. 재외국민

(1) 일반적인 경우

재외국민의 국내거소신고제도는 2015년 1월 22일 개정 주민등록법의 발효로 2016년 6월 30일 이후에는 완전히 사라졌다함은 이미 본 바와 같다. 이에 따라 2015년 1월 22일 이후에 해외로 이주하면서 재외국민으로 신고한 경우는 비록 해외로 이주하였다 하더라도 '재외국민'으로의 표시만 되어 있을 뿐 주민등록과 인감은 살아 있다.

따라서 재외국민이 부동산 등기규칙 제60조 제1항 제1호부터 제3호까지의 등기를 신청하거나 제4호부터 제7호까지의 서류를 작성하는 경우에는 인감증명을 첨부하여야 하는 바, 그 방법은 아래와 같다.

i) 2015.01.22. 이후에 해외이주로 '재외국민'으로서 주민등록신고를 한 재외국민은 현재 살아 있는 인감증명서를 제출하면 된다.

ii) 2015.01.21. 이전에 해외이주신고를 한 재외국민은 주민등록이 말소되었으므로('말소자초본'으로 발급됨)**[자료19]**, 입국한 경우 개정 주민등록법에 따라 주민등록과 인감증명을 재신고하고 재신고가 된 인감증명서를 첨부하면 된다.

註) 다만 주민등록법 제10조의2조에 따라 '30일이상 거주목적'이라는 제약이 있음

ⅲ) 입국하였으나 사정상 혹은 시간상 주민등록 재신고를 하지 않았다면, 인감을 날인하여야 할 첨부서류에 국내 공증인의 공증을 받아 제출하여도 무방하다.

ⅳ) 2015.01.21. 이전에 해외로 이주하여 주민등록이 말소되었고, 국내에 입국하지고 않아 주민등록 및 인감을 재신고도 하지 않은 경우에는 대한민국 재외공관에서 인감을 날인해야 하는 서면에 공증을 받아 제출하면 된다. 재외공관은 대한민국 국가기관이므로 아포스티유를 부착할 필요가 없음은 물론이다. 한편, 이 때에 신청하는 등기가 규칙 제60조 제1항 제1호부터 제3호에 해당하는 경우에는 등기의무자가 재외국민임을 증명하는 정보로서 재외국민등록부등본을 등기소에 함께 제출하여야 한다**[자료20]**.

(2) 부동산의 처분위임 등 포괄적 위임의 경우('처분위임장')

[재외국민 및 외국인의 부동산등기신청절차에 관한 예규
(등기예규 제1686호)]

제5조 【처분권한의 위임과 대리인의 등기신청】

① 등기명의인인 재외국민이나 외국인이 국내 또는 국외에서 부동산의 처분권한을 대리인에게 수여한 경우에는 처분대상 부동산과 처분의 목적이 되는 권리 및 대리인의 인적사항을 구체적으로 특정하여 작성한 처분위임장을 등기소에 첨부정보로서 제공하여야 한다.

② 권리의 처분권한을 수여받은 대리인은 본인의 대리인임을 현명하고 대리인의 자격으로 작성한 원인증서를 제공하여야 한다.

③ 규칙 제60조 제1항 제1호부터 제3호까지에 해당하는 등기신청을 하는 경우에는 제1항의 처분위임장에 등기명의인의 인감을 날인하고 그 인감증명을 제출하여야 한다. 이 경우 인감증명을 제출하여야 하는

자가 재외국민인 경우에는 제9조를, 외국인인 경우에는 제12조를 준용한다.(註 : 여기의 '제9조', 제12조'는 이 등기예규 제1686호의 해당 조를 의미)
④ 제3항의 경우 권리의 처분권한을 수여받은 대리인이 본인을 대리하여 등기를 신청할 때에는 등기신청서에, 자격자대리인 등에게 등기신청을 위임할 때에는 등기신청위임장에 대리인의 인감을 날인하고 그 인감증명을 제출하여야 한다. 다만, 매매를 원인으로 하는 소유권이전등기를 신청하는 경우에 대리인의 인감증명은 매도용으로 발급받아 제출할 필요가 없다.

재외국민도 외국인과 마찬가지로 국내에 체류하고 있건 외국에 체류하고 있건 부동산의 처분권한을 대리인에게 수여한 경우에는 그 '처분위임장'에 ⅰ) 처분대상의 부동산, ⅱ) 처분의 목적이 되는 권리, ⅲ) 대리인의 인적사항 등 3가지를 구체적으로 특정하여 작성한 '처분위임장'을 등기소에 첨부정보로 제공하여야 함은 동일하다**[자료21].**

이 때 재외국민이 부동산등기규칙 제60조 제1항 제1호 내지 제3호까지의 등기를 신청하는 경우에는 처분위임장에 등기명의인의 인감을 날인하고 인감증명서를 제출하여야 하는바, 이 때 인감증명서는 위 '(1) 일반적인 경우' ⅰ), ⅱ)의 방법에 따라 발급받은 인감증명서를 첨부하거나, ⅲ) 또는 ⅳ)의 방법으로 대체하면 된다.

이 때 '등기의 원인증서'는 대리인이 본인의 대리인임을 현명하고 대리인의 자격으로 작성한 원인증서, 즉 대리인이 기명날인한 매매계약서 등을 원인서면으로 제공하여야 한다.

위에 더하여 대리인이 본인을 대리하여 직접 등기를 신청할 때에는 등기신청서에, 법무사 등 자격자대리인에게 등기신청을 위임할 때에는 등기신청위임장에 본인이 아닌 '대리인'의 인감을 날인하고 그 '대리인의 인감증명'을 제출하여야 하며, 매매를 원인으로 하는 소유권이전등기를 신청하는 경우에 대리인의 인감증명은 매도용으로 발급받아 제출할 필요가 없다.

(3) '재외국민'이 아닌 해외체류자의 경우

재외국민이 아닌 해외체류자는

i) 상속재산분할협의서에 날인 및 재외공관의 인증을 받은 경우 그 협의서는 유효하므로 상속등기가 가능하고

ii) 인감증명법에 따라 대리로 인감증명서를 발급받아 첨부하는 것도 가능하다.

[부동산등기규칙]

제60조(인감증명의 제출) ① 방문신청을 하는 경우에는 다음 각 호의 인감증명을 제출하여야 한다. 이 경우 해당 신청서(위임에 의한 대리인이 신청하는 경우에는 위임장을 말한다)나 첨부서면에는 그 인감을 날인하여야 한다. <개정 2018. 8. 31.>

1~5호, 7호 및 8호 (생략)

6. 협의분할에 의한 상속등기를 신청하는 경우 상속인 전원의 인감증명

④ 제1항제4호부터 제7호까지의 규정에 해당하는 서면이 공정증서이거나 당사자가 서명 또는 날인하였다는 뜻의 공증인의 인증을 받은 서면인 경우에는 인감증명을 제출할 필요가 없다. <개정 2018. 8. 31.>

[인감증명법]

제12조(인감증명서의 발급) ① 인감증명서를 발급받으려면 본인 또는 그 대리인이 대통령령으로 정하는 바에 따라 특별자치시장・특별자치도지사・시장・군수 또는 구청장(자치구가 아닌 구의 구청장을 포함한다)이나 읍장・면장・동장 또는 출장소장(이하 "인감증명서발급기관"이라 한다)에게 신청하여야 한다(이하 생략).

② 제1항에 따라 인감증명서의 발급신청을 받은 인감증명서발급기관은 전산정보처리조직을 이용하여 대통령령으로 정하는 바에 따라 인감증명서를 발급할 수 있다.

[인감증명법 시행령]

제13조(인감증명서의 발급) ①법 제12조제1항에 따라 인감증명서를 발급받고자 하는 때에는 본인 또는 그 대리인(17세 이상인 사람에 한한다)이 인감증명서발급기관에 신청하여야 한다. 이 경우 대리인이 인감증명서의 발급을 신청할 때에는 ~ 위임장(위임자가 재외국민인 경우로서 해외에 체류 중인 경우에는 위임사실에 대하여 재외공관의 확인을 받은 것을 말한다)과 함께 위임자 본인 및 대리인의 주민등록증 등을 제출하여야 한다. <개정 2005. 1. 15., 2016. 1. 12., 2016. 7. 5.>

2. 확인서면(등기필정보가 없는 경우)

[부동산등기법]

제51조 【등기필정보가 없는 경우】 제50조제2항의 경우에 등기의무자의 등기필정보가 없을 때에는 등기의무자 또는 그 법정대리인(이하 "

등기의무자등"이라 한다)이 등기소에 출석하여 등기관으로부터 등기의무자등임을 확인받아야 한다. 다만, 등기신청인의 대리인(변호사나 법무사만을 말한다)이 등기의무자등으로부터 위임받았음을 확인한 경우 또는 신청서(위임에 의한 대리인이 신청하는 경우에는 그 권한을 증명하는 서면을 말한다) 중 등기의무자등의 작성부분에 관하여 공증(公證)을 받은 경우에는 그러하지 아니하다.

[재외국민 및 외국인의 부동산등기신청절차에 관한 예규
(등기예규 제1686호)]

제7조 【등기필정보가 없는 경우】

① 재외국민 또는 외국인이 등기의무자로서 권리에 관한 등기를 신청할 때에 등기필정보가 없다면 법 제51조 및 「등기필정보가 없는 경우 확인조서 등에 관한 예규」에서 정하는 바에 따른다.

② 법 제51조 단서의 '공증'은 외국인의 경우에는 본국 관공서의 증명이나 본국 또는 대한민국 공증을 말하고, 재외국민의 경우에는 **대한민국 공증만을** 말한다.

[등기필정보가 없는 경우 확인조서 등에 관한 예규
(등기예규 제1664호)]

3. 자격자대리인이 확인서면을 작성하는 경우

가. 자격자대리인은 직접 위임인을 면담하여 위임인이 등기의무자등 본인임을 확인하고 확인서면을 작성하여야 한다. 등기의무자가 개인인 경우에는 별지 제1호 양식에 의하되, 등기의무자의 법정대리인을 확인한 때에는 등기의무자란에 등기의무자의 법정대리인임을

표시하고, 법인 또는 법인 아닌 사단·재단의 경우에는 별지 제2호 양식에 의한다.

나. [특기사항]란에는 등기의무자등을 면담한 일시, 장소, 당시의 상황 그 밖의 특수한 사정을 기재한다.

다. [우무인]란에는 등기의무자등의 우무인을 찍도록 하되 자격자대리인은 무인이 선명하게 현출되었는지 확인하여야 하고, 무인이 선명하게 현출되지 않은 경우 다시 찍도록 하여 이를 모두 확인서면에 남겨둔다. 우무인을 찍는 것이 불가능한 특별한 사정(엄지손가락의 절단 등)이 있는 경우 좌무인을 찍도록 하되, [특기사항]란에 좌무인을 찍은 취지와 구체적 사유를 기재한다. 만일 우무인과 좌무인을 모두 찍을 수 없는 특별한 사정이 있는 경우 날인을 생략하고, [특기사항]란에 날인을 생략하게 된 취지와 구체적 사유를 기재한다. (예시) 양 팔이 모두 없어 무인을 찍을 수 없었으며, 주민등록증으로 본인임을 분명히 확인하였음

4. 신청서나 위임장 중 등기의무자등의 작성부분에 관하여 공증을 받은 경우

가. 법 제51조 단서의 '공증'의 의미

법 제51조 단서의 '공증'은 아래 나.의 서면에 기재된 내용 중 등기의무자등의 작성부분(기명날인 등)에 대해 공증인이 등기의무자등의 의사에 의해 작성된 것임을 확인하고 그 증명을 하여 주는 사서증서의 인증을 의미한다.

나. 공증을 받아야 하는 서면

(1) 등기의무자등이 등기소에 출석하여 직접 등기를 신청하는 경우에는 등기신청서

(2) 등기의무자등이 직접 처분행위를 하고 등기신청을 대리인에게 위임한 경우에는 등기신청위임장

(3) 등기의무자등이 다른 사람에게 권리의 처분권한을 수여한 경우에는 그 처분권한 일체를 수여하는 내용의 처분위임장. 이 경우 처분위임장에는 "등기필정보가 없다"는 뜻을 기재하여야 한다.

등기의무자로서 권리에 관한 등기를 신청할 때는 등기필정보를 첨부하여야 한다. 이에 대하여 '재외국민 및 외국인의 부동산등기신청절차에 관한 예규(등기예규 제1686호)' 제7조는 '부동산등기법 제51조'와 '등기필정보가 없는 경우 확인조서 등에 관한 예규(등기예규 제1664호)'에 따른다고 규정하고 있다. 그런데 등기예규 제1664호는 외국인이나 재외국민만을 위한 확인서면 작성에 관한 예규가 아니라 대한민국 국민을 대상으로 하는 확인조서 작성에 관한 일반적인 규정이고, 외국인이나 재외국민도 이에 따른다고 하고 있으므로 결국 대한민국국민이 하는 방법과 동일함을 규정하고 있다. 따라서 이를 중심으로 설명한다.

등기예규 제1686호에 의하면 외국인이나 재외국민이 등기필정보가 없을 경우

i) 등기의무자 또는 그 법정대리인(이하 "등기의무자등"이라 한다)이 등기소에 출석하여 등기관으로부터 등기의무자등임을 확인받든지

ii) 법무사나 변호사인 등기신청인의 대리인이 등기의무자등으로부터 위임받았음을 확인한 후 확인서면을 작성하든지

iii) 신청서(위임에 의한 대리인이 신청하는 경우에는 그 권한을 증명하는 서면) 중 등기의무자등의 작성부분에 관하여 공증(公證)을 받는 방법으로 하든지

하면 되고, 법무사 등 자격자 대리인이 확인서면을 작성하는 구체적인 방법을 등기예규 제1664호에서 규정하고 있다.

다만 이때 '공증'은 외국인의 경우에는 본국 관공서의 증명이나 본국의 공증인의 공증을 받아 아포스티유를 부착하거나 대한민국에서 공증을 받아도 되며 이 때는 아포스티유가 필요없다. 그러나 재외국민의 경우에는 대한민국 공증만이 인정됨을 특별히 유의하여야 한다. 다만 '대한민국 공증'이라 함은 재외공관을 포함한다.

등기관의 확인이나 법무사나 변호사의 확인대상은 당연히 등기의무자이지만 만약 등기의무자의 법정대리인이 등기를 하여야 하는 경우라면 법정대리인을, 등기의무자가 법인인 경우 법인의 대표자, 법인아닌 사단이나 재단인 경우 그 대표자나 관리인이 확인의 대상이며, 만약 공동대표라면 각 공동대표자 각자 모두가 확인 및 작성의 대상이다.

확인은 주민등록증, 외국인등록증, 국내거소신고증, 여권, 국내운전면허증으로 하게 되며 나머지 작성방법 등은 대한민국국민이 법무사 등에게 와서 작성하는 방법과 동일하다.

이 때 외국인의 경우 '우무인'을 찍어야 하는가에 대하여 등기예규 1664호에서 자격자대리인이 확인서면을 작성하는 경우 작성양식의 [우무인]란에 등기의무자의 우무인을 찍도록 하고 있고 달리 외국인의 경우는 찍지 않아도 된다는 예외규정이 없으므로 찍어야 할 것으로 판단된다. 외

국인에 대한 우무인 정보를 가지고 있지 않음에도 우무인의 실효성에 의문이 없는 것은 아니나 신분증으로 등기의무자 본인임을 확인하므로 실효성이 전혀 없다고 할 수는 없겠다.

한편, 등기필정보가 없어 보완하는 방법인 위 iii) 신청서(위임에 의한 대리인이 신청하는 경우에는 그 권한을 증명하는 서면) 중 등기의무자등의 작성부분에 관하여 공증(公證)을 받는 방법이란 아래에서 말하는 서면에 기재된 내용 중 등기의무자 등의 작성부분(기명날인 등)에 대해 공증인이 등기의무자 등의 의사에 따라 작성된 것임을 확인하고 그 증명을 하여 주는 사서증서의 인증을 말하는 것이며, 공증을 받아야 하는 서면은 다음과 같다. 공증은 등기의무자 본인이 직접 공증인 앞에 출석하여 받은 공증이어야 함은 당연하다.

i) 등기의무자 등이 등기소에 출석하여 직접 등기를 신청하는 경우에는 등기신청서
ii) 등기의무자 등이 직접 처분행위를 하고 등기신청을 그 대리인에게 위임한 경우는 등기신청위임장
iii) 등기의무자 등이 다른 사람에게 권리의 처분권한을 수여한 경우에는 그 처분권한 일체를 수여하는 내용의 처분위임장. 이 경우 <u>처분위임장에는 "등기필정보가 없다"는 뜻을 기재하여야 한다.</u>

3. 주소를 증명하는 서면

가. 외국인의 경우(태생적 외국인 및 외국국적동포)

[재외국민 및 외국인의 부동산등기신청절차에 관한 예규

(등기예규 제1686호)]

제13조 【외국인의 주소증명정보】

① 외국인은 주소를 증명하는 정보로서 다음 각 호의 어느 하나에 해당하는 정보를 제공할 수 있다.

1. 「출입국관리법」에 따라 외국인등록을 한 경우에는 외국인등록 사실증명
2. 「재외동포의 출입국과 법적 지위에 관한 법률」에 따라 국내거소신고를 한 외국국적동포의 경우에는 국내거소신고 사실증명
3. 본국에 주소증명제도가 있는 외국인(예: 일본, 독일, 프랑스, 대만, 스페인)은 본국 관공서에서 발행한 주소증명정보
4. 본국에 주소증명제도가 없는 외국인(예: 미국, 영국)은 본국 공증인이 주소를 공증한 서면. 다만, 다음 각 목의 어느 하나에 해당하는 방법으로써 이를 갈음할 수 있다.
   가. 주소가 기재되어 있는 신분증의 원본과 동일하다는 뜻을 기재한 사본을 함께 등기소에 제출하여 사본이 원본과 동일함을 확인받고 원본을 환부받는 방법
   나. 주소가 기재되어 있는 신분증의 사본에 원본과 동일함을 확인하였다는 본국 또는 대한민국 공증이나 본국 관공서의 증명을 받고 이를 제출하는 방법
   다. 본국의 공공기관 등에서 발행한 증명서 기타 신뢰할 만한 자료를 제출하는 방법(예: 주한미군에서 발행한 거주사실 증명서, 러시아의 주택협동조합에서 발행한 주소증명서)

② 외국인이 본국을 떠나 대한민국이 아닌 제3국에 체류하는 경우에 체류국에 주소증명제도가 있다면 체류국 관공서에서 발행한 주소증명정보를 제공할 수 있고(예: 스페인에 체류하는 독일인이 스페인 법령에 따

라 주민등록을 하였다면 스페인 정부가 발행하는 주민등록정보를 제공), 체류국에 주소증명제도가 없다면 체류국의 공증인이 주소를 공증한 서면을 제공할 수 있다. 다만, 주소를 공증한 서면을 제공하는 경우에는 해당 국가에서의 체류자격을 증명하는 정보(예: 영주권확인증명, 장기체류 비자증명)를 함께 제공하여야 한다.

외국인은 주소를 증명하는 정보로서 다음의 어느 하나에 해당하는 정보를 제공하면 된다. 따라서 국내 입국하였는지 혹은 입국하지 않았는지, 주소증명제도가 있는지 없는지 등 여러 가지 사정에 따라 아래의 한가지를 선택하면 될 것이다.

(1) 대한민국에서 장기체류 비자를 받아 「출입국관리법」에 따라 외국인등록을 한 경우에는 외국인등록사실증명**[자료1]**을, 「재외동포의 출입국과 법적 지위에 관한 법률」에 따라 F-4 비자를 받아 국내거소신고를 한 외국국적동포의 경우에는 국내거소신고 사실증명**[자료3]**

(2) 본국에 주소증명제도가 있는 외국인(예: 일본, 독일, 프랑스, 대만, 스페인)의 경우에는

본국 관공서에서 발행한 주소증명정보에 아포스티유를 부착하였거나, 아포스티유협약 미가입국인 경우 대한민국 재외공관의 확인을 거친 문서. 다만 이 아포스티유협약에도 가입하지 않았고 대한민국과 수교도 하지 않아 대한민국 재외공관도 없는 경우(예 : 쿠바, 시리아) 국가의 경우 국가가 발행한 공문서는 주소증면공문서 그 자체로 주소증명정보로 인정된다.

이 경우 그 외국인이 국내에 입국하여 있을 경우 본국 발행 주

소증명정보를 제공하지 않고 주소가 기재되어 있는 신분증으로 한국 공증인의 주소공증을 받은 공증서를 주소증명정보로 대체할 수 있는지에 대하여 등기예규 제1686호는 예외를 규정하고 있지 않다. 고로 대체할 수 없다.

(3) 본국에 주소증명제도가 없는 외국인(예: 미국, 영국)의 경우에는

본국 공증인이 주소를 공증한 서면에 아포스티유를 부착하거나 재외공관 확인을 받아 첨부하면 된다. 다만, 이 때 예를 들어 주한미국대사관 등 외국의 외교、영사기관이 작성하였거나 공증한 주소증명서면 등 신뢰할만한 자료라면 이에는 아포스티유를 부착하지 않아도 된다.

또한 예규에는 언급되어 있지 않으나 입국하여 국내에 체류하고 있는 경우 주소가 기재되어 있는 신분증을 첨부한 '거주증명서'를 국내공증인의 공증을 받아 주소증명서면으로 첨부하여도 필자의 경험상 가능하였다**[자료22]**.

첨부된 거주증명서 양식은 주미한국대사관에서 미국국적의 동포를 위해 대사관 홈페이지에서 제시하고 있는 것이므로 참고하면 될 것 같다**[자료23]**.

그 외에도 다음의 어느 하나에 해당하는 방법으로써 이를 갈음할 수 있다.

ⅰ) 주소가 기재되어 있는 신분증의 원본과 동일하다는 뜻을 기재한 사본을 함께 등기소에 제출하여 사본이 원본과 동일함

을 확인받고 원본을 환부 받는 방법. 이 방법은 사실상 거의 활용되지 않고 있는 것으로 보인다.

ⅱ) 주소가 기재되어 있는 신분증의 사본에 원본과 동일함을 확인하였다는 본국 또는 대한민국 공증이나 본국 관공서의 증명을 받고 이를 제출하는 방법. 여기서 '신분증 사본의 공증'이란 위 '주소공증서면'과는 다른 것으로 '주소가 기재되어 있는 신분증 사본 자체에 대한 공증'을 의미한다**[자료24]**.

한편, 주소가 기재되어 있는 신분증의 사본에 원본과 동일함을 확인하였다는 본국 관공서의 증명을 받는 경우는 이렇게 본국의 관공서에서 공증을 해주는 경우가 있는지에 대하여는 잘 알지 못하나, 다만 대한민국 주재 외국공관의 공증은 받는 경우를 상정해볼 수 있으며, 이 경우는 아포스티유 등의 절차를 거치지 않아도 되므로 활용될 수 있을 것으로 보인다.

ⅲ) 본국의 공공기관 등에서 발행한 증명서 기타 신뢰할 만한 자료를 제출하는 방법(예 : 주한미군에서 발행한 거주사실증명서, 러시아의 주택협동조합에서 발행한 주소증명서). 이 경우도 아포스티유 부착 등의 절차는 거쳐야 할 것으로 판단된다.

ⅳ) 외국인이 본국을 떠나 대한민국이 아닌 제3국에 체류하는 경우에 체류국에 주소증명제도가 있다면 체류국 관공서에서 발행한 주소증명정보(예 : 스페인에 체류하는 독일인이 스페인 법령에 따라 주민등록을 하였다면 스페인 정부가 발행하는 주민등록정보를 제공). 물론 이 때에도 아포스티유 부착은 하여야 한다.

체류국에 주소증명제도가 없다면 체류국의 공증인이 주소를 공증한 서면을 제공할 수 있다. 다만, 주소를 공증한 서면을 제공하는 경우에는 해당 국가에서의 체류자격을 증명하는 정보(예: 영주권확인증명, 장기체류 비자증명)를 함께 제공하여야 하며, 제3국 발행 주소증명서면이건 체류국 공증인의 공증서면이건 아포스티유 등의 절차를 거쳐야 함은 예외가 아니다.

나. 재외국민

[재외국민 및 외국인의 부동산등기신청절차에 관한 예규 (등기예규 제1686호)]

제10조 【재외국민의 주소증명정보】

재외국민은 주소를 증명하는 정보로서 다음 각 호의 어느 하나에 해당하는 정보를 제공할 수 있다.

1. 재외국민등록부등본
2. 「주민등록법」에 따라 주민등록 신고를 한 경우에는 주민등록표등본 ·초본
3. 주소증명제도가 있는 외국에 체류하는 재외국민으로서 체류국 법령에 따라 외국인등록 또는 주민등록 등을 마친 경우에는 체류국 관공서에서 발행한 주소증명정보(예: 일본국의 주민표, 스페인왕국의 주민등록증명서)
4. 제1호부터 제3호까지의 규정에 따라 주소를 증명하는 것이 불가능한 경우에는 체류국 공증인이 주소를 공증한 서면

재외국민은 주소를 증명하는 정보로서 다음 각 호의 어느 하나에 해당하는 정보를 제공할 수 있다.

ⅰ) 재외국민등록부등본**[자료25]**. 다만 해외에 이주하였음에도 재외국민으로 등록을 하지 않았다면 재외국민등록부등본이 없을 수 있으며, 이때는 주민등록이 말소되지 않았으므로 주민등록등·초본을 제출하면 된다(상속인이 오래전 미국에 이주하여 영주권을 얻어 미국에 살고 있음에도 재외국민등록을 하지 않아 결국 말소되지 않은 주민등록초본으로 등기한 경험이 있다)

ⅱ) 2015.01.21.이전에 해외로 이주하여 해외이주신고를 하였다면 주민등록이 말소되었으므로 「주민등록법」에 따라 새로 주민등록 신고를 한 경우에는 주민등록표등본·초본을, 2015.01.22. 이후에 해외로 이주하였다면 주민등록은 말소되지 않고 '재외국민 주민등록'의 형태로 살아 있으므로 이를 제출하면 된다.

ⅲ) 주소증명제도가 있는 외국에 체류하는 재외국민으로서 체류국 법령에 따라 외국인등록 또는 주민등록 등을 마친 경우에는 체류국 관공서에서 발행한 주소증명정보(예: 일본국의 주민표, 스페인왕국의 주민등록증명서)를 제출하면 된다. 다만 이러한 주소증명서면은 외국의 공문서에 해당하므로 재외국민이라 하더라도 아포스티유 등의 절차를 거쳐야 한다.

ⅳ) 위의 ⅰ)부터 ⅲ)까지의 방법으로도 주소를 증명하는 것이 불가능한 경우에는 체류국 공증인이 주소를 공증한 서면으로 대체할 수 있으나, 이 경우는 역시 아포스티유 등의 절차를 거쳐야 한다. 입국하여 국내에 체류하고 있는 경우 국내공증인의 공증을 받은 주

소증명서면으로도 가능함은 물론이다.

4. 부동산등기용 등록번호

[부동산등기법]

제48조 【등기사항】 ① 등기관이 갑구 또는 을구에 권리에 관한 등기를 할 때에는 다음 각 호의 사항을 기록하여야 한다.

5. 권리자

② 제1항제5호의 권리자에 관한 사항을 기록할 때에는 권리자의 성명 또는 명칭 외에 주민등록번호 또는 부동산등기용등록번호와 주소 또는 사무소 소재지를 함께 기록하여야 한다.

제49조 【등록번호의 부여절차】 ① 제48조제2항에 따른 부동산등기용 등록번호(이하 "등록번호"라 한다)는 다음 각 호의 방법에 따라 부여한다.

2. 주민등록번호가 없는 재외국민의 등록번호는 대법원 소재지 관할 등기소의 등기관이 부여하고,......
4. 외국인의 등록번호는 체류지(국내에 체류지가 없는 경우에는 대법원 소재지에 체류지가 있는 것으로 본다)를 관할하는 지방출입국·외국인관서의 장이 부여한다.

② 제1항 제2호에 따른 등록번호의 부여절차는 대법원규칙으로 정하고,......제4호에 따른 등록번호의 부여절차는 대통령령으로 정한다.

위 부동산등기법 제49조 제1항 제2호에서 주민등록번호가 없는 재외국민에 대한 등록번호는 대법원 소재지 관할 등기소의 등기관, 즉 서울중앙지방법원 등기국 등기관이 부여하고, 그 부여절차는 「법인 및 재외국민의 부동산등기용등록번호 부여에 관한 규칙(대법원규칙 제2864호)」으로 정하고 있으며

제1항 제4호의 외국인에 대한 등록번호는 체류지(국내에 체류지가 없는 경우에는 대법원 소재지에 체류지가 있는 것으로 본다)를 관할하는 지방출입국·외국인관서의 장이 부여하고, 그 부여절차는 「법인 아닌 사단·재단 및 외국인의 부동산등기용 등록번호 부여절차에 관한 규정(대통령령 제30376호)」으로 정하고 있다.

법인 및 재외국민의 부동산등기용등록번호 부여에 관한 규칙은 대법원규칙이고, 비법인 사단·재단 및 외국인의 부동산등기용등록번호 부여에 관한 규칙은 정부입법에 해당하는 대통령으로 정하고 있는 이유는 비법인사단·재단은 시도지사(행정안전부)에서 관리하고 또 외국인에 대한 등기용등록번호 부여규정은 국토교통부 및 법무부 소관인 출입국관리법의 시행에 관련되는 부속법령으로서의 성격에서 연유하는 것이 아닌가 판단된다. 그래서 후술하는 바와 같이 외국인의 부동산등기용등록번호는 출입국관리소가, 재외국민의 부동산등기용등록번호는 대법원에서 발급하는 것으로 이해된다.

[재외국민 및 외국인의 부동산등기신청절차에 관한 예규 (등기예규 제1686호)]

제14조 【외국인의 부동산등기용등록번호】 외국인의 부동산등기용등록번호는 다음 각 호의 어느 하나로 한다.

1. 「출입국 관리법」에 따라 체류지를 관할하는 지방출입국·외국인관서의 장이 부여한 외국인등록번호

2. 국내에 체류지가 없는 경우에는 대법원 소재지를 관할하는 서울출입국·외국인관서의 장이 부여한 부동산등기용등록번호
3. 「재외동포의 출입국과 법적 지위에 관한 법률」에 따라 거소를 관할하는 지방출입국·외국인관서의 장이 외국국적동포에게 부여한 국내거소신고번호

제11조 【재외국민의 부동산등기용등록번호】 재외국민의 부동산등기용등록번호는 다음 각 호의 어느 하나로 한다.

1. 주민등록번호를 부여받은 적이 있는 재외국민의 경우에는 주민등록번호(주민등록사항이 말소된 경우에도 같다)
2. 주민등록번호를 부여받은 적이 없는 재외국민의 경우에는 법 제49조제1항제2호에 따라 서울중앙지방법원 등기국 등기관이 부여한 부동산등기용등록번호

가. 외국인

(1) 외국인의 부동산등기용등록번호는 국내에 거소신고를 함으로 인하여 체류지가 국내에 있는 경우와 국내에 거주하지 않는 외국인, 국내에 단기체류하는 외국인 등 국내에 체류지가 없는 경우로 대별된다.

(가) 일반적인 외국인의 경우

i) 태생적 외국인이건 외국국적동포이건 「출입국 관리법」에 따라 외국인등록을 하였다면 그 외국인등록번호

ii) 「재외동포의 출입국과 법적 지위에 관한 법률」에 따라 F-4 비자를 받아 국내거소신고를 한 외국국적동포의 경우 국내거소신고번호

(나) 국내에 체류지가 없는 외국인의 경우

예를 들어 해외거주 외국인, 단기체류 외국인, 등록면제 외국인(외교관 등) 등의 경우에는 대법원 소재지를 관할하는 서울출입국·외국인관서의 장이 부여한 부동산등기용등록번호**[자료26]**

(2) 외국인 부동산등기용 등록번호 부여 신청 및 발급

최초로 부동산등기용등록번호를 부여 받을 자는

ⅰ) 서울출입국관리소(양천구 신정동 소재)와

ⅱ) 서울출입국관리소 세종로출장소(종로2가 글로벌인재비자센타 2층에 소재)에서만 신청할 수 있으며,

이미 부동산등기용등록번호를 발급받은 적이 있는 외국인이 재발급을 받는 경우는 전국 출입국관리사무소 및 출장소(고성출장소 제외)에서 발급받을 수 있다.

기타 자세한 사항은 **하이코리아(www.hikorea.go.kr)** > **정보마당** >**출입국/체류 안내** >**증명발급** >5. **외국인부동산등기용등록번호부여신청 및 발급**)에서 확인할 수 있으며, 여기에 게재되어 있는 내용을 요약해서 정리하면 다음과 같다.

신청방법은 출입국사무소를 직접 방문하거나(당일처리), 우체국 민원우편으로 접수(3~5일소요)하면 된다. 현장을 정확히 알기 위하여 의뢰인을 동반하여 직접 출입국사무소를 방문하여 신청하였던 필자의 경험으로는 신청후 20분도 되지 않아 발급받았던 것 같다. 신청인 및 구비서류는 다음과 같다.

신청인	구비서류
본인	○ 본인여권 및 여권사본 1부 ○ 부동산등기용등록번호부여신청서(최초신청시) ○ 부동산등기용등록번호발급신청서(재발급시) ※ 신청서 상에 등기할 부동산주소를 기입하여 신청하여야 함 ※ 미성년자에 대해 부모 대리시 가족관계 입증서류 추가
대리인	○ 부동산등기용등록번호발급신청서 ○ 대리인 신분증 ○ 위임자(외국인)의 유효한 여권 사본(유효기간 지난 여권 등 유효하지 않은 여권 사본 불가) ※ 여권사본 대신 외국국적취득증서(시민권증서, 귀화증서)가능, 단 외국거주사실확인서 불가 ○ 위임장 【위임장 기재 내용】 ① 위임자와 위임을 받은 자의 인적사항 및 관계 ② 위임내용 : 외국인부동산등기용등록번호 발급 위임 명시 ※ 부동산관련업무 전반에 대한 위임 명시한 위임장은 불가 ③ 위임일자 ④ 위임자의 서명 ※ 위임자 확인을 위하여 위임장의 서명은 여권사본상의 서명과 동일한 서명 기재 ※ 위임자가 중국인인 경우 : 위임장 공증 또는 서명인증서 첨부 ※ 외국국적취득 전 성명의 도장 날인 불가(예: 미국국적 HONG DAVID GILDONG이지만 홍길동 도장을 날인하여 신청 불가)

나. 재외국민

재외국민의 부동산등기용등록번호는 원칙상 주민등록번호이다. 설령 과거에 주민등록번호를 부여받았다가 말소되었다 하더라도 그 말소된 주민등록번호를 부동산등기용등록번호로 사용한다.

외국에서 태어나 우리나라에서 주민등록번호를 부여받은 적이 없는 재외국민의 경우 부동산등기법 제49조 제1항 제2호에 따라 서울중앙지방법원 등기국 등기관이 부동산등기용등록번호를 부여한다. 서울중앙지방법원 등기국 1층 등기접수처에 재외국민의 등기용등록번호신청서 접수창구가 있고, 필요서류 등 자세한 안내를 받을 수 있다.

5. 동일인 증명서

동일인 증명서는 태생적 외국인이거나 재외국민의 경우 거의 문제가 되지 않는다. 이것이 필요한 경우는 통상 ⅰ) 대한민국 국민이었던 외국국적동포로서 부동산등기부 등에 대한민국 국민으로서 이름이 기재되어 있으나 외국으로 귀화하면서 서양식으로 남편의 성(Family Name)을 따라 성을 바꾸거나 이름을 그 나라의 방식으로 바뀐 경우 등기명의인의 표시변경등기를 선행해야 하는 경우나, ⅱ) 역시 대한민국 국민이었던 외국국적동포로서 상속등기시 기본증명서, 가족관계증명서, 재적등본 등 "가족관계 등에 관한 법률"상의 증명서상의 이름과 현재의 이름이 다를 경우 법정상속이든 협의분할에 의한 상속이든 상속인이라는 것을 증명하기 위하여 필요한 첨부서면이다.

성(姓)과 이름(名)은 귀화하면서 변경된 것이기 때문에 동일인증명서의 발급은 우리나라 공증인의 공증으로는 불가능하고 오로지 본인의 국적국가에서만 가능하다. 따라서 한국이름과 귀화하면서 변경된 이름이 같은 사람임을 ⅰ) 국적국에서 공적으로 증명해주는 제도가 있다면 그 공적 서류를, ⅱ) 공적 증명제도가 없다면 공증인의 공증을 받아 아포스티유를 받아 제출하여야 한다**[자료27]** **[자료28]**.

첨부된 동일인증명서 양식은 주미한국대사관에서 미국국적의 동포를 위해 대사관 홈페이지에서 제시하고 있는 것이므로 참고하면 될 것 같다**[자료29].**

외국국적 취득자의 처분위임에 관한 국내부동산 처분 등에 따른 등기신청시 첨부서면 등
(등기선례 제5-107호. 1996.12.11. 제정)

가. 외국국적 취득자의 국내 부동산처분 등에 따른 등기신청시 첨부하여야 할 서면인 처분위임장에 한 서명에 관하여 본인이 직접 작성하였다는 취지의 증명, 주소증명 또는 거주사실증명, 외국국적 취득으로 성명이 변경된 경우 변경 전의 성명과 변경 후의 성명이 동일인이라는 증명은 본국(국적취득국) 관공서에서 발행받아야 하므로, 위 증명을 대한민국 재외공관에서 발행받은 경우에도 이를 첨부하여 등기신청을 할 수 없다.

나. 외국국적을 취득함으로써 대한민국 국적을 상실하였으나 호적상 국적상실로 인한 제적처리가 되어 있지 아니한 경우에도 등기신청시 첨부하여야 할 위 가항의 서류들은 본국(국적취득국) 관공서에서 발행받아야 한다.

6. 상속재산분할협의 권한을 위임한 경우

[재외국민 및 외국인의 부동산등기신청절차에 관한 예규 (등기예규 제1686호)]

제6조 【상속재산분할협의 권한을 위임하는 경우】

① 상속인인 재외국민이나 외국인이 상속재산분할협의에 관한 권한을 대리인에게 수여하는 경우에는 분할의 대상이 되는 부동산과 대리인의 인적사항을 구체적으로 특정하여 작성한 상속재산분할협의 위임장을 등

기소에 첨부정보로서 제공하여야 한다.

② 상속재산분할협의 권한을 수여받은 대리인은 본인의 대리인임을 현명하고 대리인의 자격으로 작성한 상속재산분할협의서를 등기소에 원인증서로서 제공하여야 한다.

③ 제1항의 상속재산분할협의 위임장에는 상속인 본인의 인감을 날인하고 그 인감증명을 제출하여야 한다. 이 경우 **인감증명을 제출하여야 하는 자가 재외국민인 경우에는 제9조를, 외국인인 경우에는 제12조를 준용**한다.

④ 제2항의 상속재산분할협의서에는 대리인의 인감을 날인하고 그 인감증명을 제출하여야 한다. 다만, 상속재산분할협의서를 대리인이 작성하였다는 뜻의 공증을 받은 경우에는 인감증명을 제출할 필요가 없다.

상속재산분할협의 권한을 위임받은 경우는 「**부동산의 처분위임 등 포괄적 위임의 경우('처분위임장')**」의 경우와 내용상 사실상 동일하다**[자료14] [자료16]**.

따라서 상속재산분할협의 위임장에 인감증명서를 첨부하되 인감증명을 제출해야 하는 자가 외국인이면 제12조를, 재외국민이면 제9조를 준용하며

상속재산분할협의서에는 대리인이 날인하고 그 대리인의 인감증명서도 제출해야 하는 바, 부동산처분의 포괄적 위임의 경우와 같다.

7. 외국토지취득시 신고(허가증 첨부)

관련 조문만 소개한다. 다만 특이한 점은 상속을 원인으로 아파트를 취득하였다 하더라도 대지권도 토지이므로 관청에 신고의 의무가 있다**[자료30]**.

[부동산 거래신고 등에 관한 법률]

제8조 【외국인등의 부동산 취득・보유 신고】 ① 외국인등이 대한민국 안의 부동산등을 취득하는 계약(제3조제1항 각 호에 따른 계약은 제외한다)을 체결하였을 때에는 계약체결일부터 60일 이내에 대통령령으로 정하는 바에 따라 신고관청에 신고하여야 한다.
② 외국인등이 상속・경매, 그 밖에 대통령령으로 정하는 계약 외의 원인으로 대한민국 안의 부동산등을 취득한 때에는 부동산등을 취득한 날부터 6개월 이내에 대통령령으로 정하는 바에 따라 신고관청에 신고하여야 한다.
③ 대한민국 안의 부동산등을 가지고 있는 대한민국국민이나 대한민국의 법령에 따라 설립된 법인 또는 단체가 외국인등으로 변경된 경우 그 외국인등이 해당 부동산등을 계속보유하려는 경우에는 외국인등으로 변경된 날부터 6개월 이내에 대통령령으로 정하는 바에 따라 신고관청에 신고하여야 한다.

제9조 【외국인등의 토지거래허가】 ① 제3조 및 제8조에도 불구하고 외국인등이 취득하려는 토지가 다음 각 호의 어느 하나에 해당하는 구역・지역 등에 있으면 토지를 취득하는 계약(이하 "토지취득계약"이라 한다)을 체결하기 전에 대통령령으로 정하는 바에 따라 신고관청으로부터 토지취득의 허가를 받아야 한다. 다만, 제11조에 따라 토지거

래계약에 관한 허가를 받은 경우에는 그러하지 아니하다.

1. 「군사기지 및 군사시설 보호법」 제2조제6호에 따른 군사기지 및 군사시설 보호구역, 그 밖에 국방목적을 위하여 외국인등의 토지취득을 특별히 제한할 필요가 있는 지역으로서 대통령령으로 정하는 지역
2. 「문화재보호법」 제2조제3항에 따른 지정문화재와 이를 위한 보호물 또는 보호구역
3. 「자연환경보전법」 제2조제12호에 따른 생태・경관보전지역
4. 「야생생물 보호 및 관리에 관한 법률」 제27조에 따른 야생생물 특별보호구역

② 신고관청은 관계 행정기관의 장과 협의를 거쳐 외국인등이 제1항 각 호의 어느 하나에 해당하는 구역・지역 등의 토지를 취득하는 것이 해당 구역・지역 등의 지정목적 달성에 지장을 주지 아니한다고 인정하는 경우에는 제1항에 따른 허가를 하여야 한다.

③ 제1항을 위반하여 체결한 토지취득계약은 그 효력이 발생하지 아니한다.

[재외국민 및 외국인의 부동산등기신청절차에 관한 예규 (등기예규 제1686호)]

제15조 【외국인등의 토지취득허가증】 ① 외국인등이 다음 각 호의 어느 하나에 해당하는 구역·지역에 있는 토지(대지권 포함)를 취득하는 계약을 체결하고 그에 따른 소유권이전등기를 신청하는 경우에는 「부동산 거래신고 등에 관한 법률」 제9조제1항에 따른 외국인 토지취득허가증을 첨부정보로서 제공하여야 한다. 다만, 국내거소신고를 한 외국국적동포의 경우에는 「재외동포의 출입국과 법적 지위에 관

한 법률」 제11조제1항에 따라 제1호의 지역에 있는 토지를 취득하는 경우로 한정한다.

1. 「군사기지 및 군사시설 보호법」 제2조제6호에 따른 군사기지 및 군사시설 보호구역, 그 밖에 국방목적을 위하여 외국인등의 토지취득을 특별히 제한할 필요가 있는 지역으로서 대통령령으로 정하는 지역
2. 「문화재보호법」 제2조제2항에 따른 지정문화재와 이를 위한 보호물 또는 보호구역
3. 「자연환경보전법」 제2조제12호에 따른 생태·경관보전지역
4. 「야생생물 보호 및 관리에 관한 법률」 제27조에 따른 야생생물 특별보호구역

② 「부동산 거래신고 등에 관한 법률」 제11조에 따라 토지거래계약허가증을 첨부정보로서 제공한 경우에는 제1항에 따른 토지취득허가증을 제공할 필요가 없다.

③ 취득하려는 토지가 토지취득허가의 대상이 아닌 경우에는 이를 소명하기 위하여 토지이용계획확인서를 첨부정보로서 제공하여야 한다.

8. 재외국민 · 외국인의 부동산 양도시 '부동산등양도신고확인서' 첨부

[소득세법]

제108조 【재외국민과 외국인의 부동산등양도신고확인서의 제출】 「재외동포의 출입국과 법적지위에 관한 법률」 제2조제1호에 따른 재외국민과 「출입국관리법」 제2조제2호에 따른 외국인이 제94조제1항제1호의 자산을 양도하고 그 소유권을 이전하기 위하여 등기관서의 장에게 등기를 신청할 때에는 대통령령으로 정하는 바에 따라 부동산등

양도신고확인서를 제출하여야 한다. [본조신설 2019. 12. 31.] [시행일 : 2020. 7. 1.]

재외국민이나 외국인이 부동산 양도 및 소유권이전등기를 마친 후 출국하여 양도소득세를 신고、납부하지 않아 조세가 탈루되므로 이를 방지하여 공평과세 실현에 기여하기 위하여 재외국민이나 외국인이 세무서에 양도소득세를 신고하여야 소유권이전등기가 가능하도록 2019년 12월 31일 개정하였고, 2020년 7월 1일부터 시행된다.

외국인 · 재외국민
부동산등기 가이드
-첨부서면 자료-

1-1. 외국인등록 사실증명

■ 출입국관리법 시행규칙 [별지 제139호서식] <개정 2016. 9. 29.>

※ 이 증명서는 정부민원포털(www.minwon.go.kr)에서 무료로 발급받을 수 있습니다

외국인등록 사실증명 (CERTIFICATE OF ALIEN REGISTRATION)

발급번호 (Serial No.)	AM-BR-18-000435	발급일 (Date of Issue)	2018.03.05.	현재 등록자

대상자 (Person upon whom the Certificate is issued)	외국인등록번호 (Alien Registration No.)	구 등록번호 : (변경일자 : 2002.02.01.)
	성명 (Full name) WANG JEN	
	성별(Sex) 남(M)	생년월일 (Date of Birth)
	국적(Nationality) CHINA(TAIWAN)	체류자격 (Status of Sojourn) 거주(F2-99)
	체류기간 (Period of Sojourn) 2020.06.30.	등록일자 (Date of Registration)
	등록체류지 (Address) 광주광역시 서구	
	이전의 외국인등록(국내거소신고)번호(Expired Alien Registration/Domestic Report Number)	

변경사항 (Record of residential address change)	변경일(Date)	주소 (Address)	비고(Remarks)
	2011.08.01.	서울특별시 서대문구 "이 하 빈 칸"	현재

세대구성 사항 (Members of household)	관 계 (Relations)	성 명 (Name)	성별 (Sex)	생년월일 (Date of Birth)	외국인등록번호 (Alien Registration No.)
	세대주(대표)	WANG	남(M)		
	배우자	HUAN	여(F)		
	부	HUANG	남(M)		
	모	HUANG	여(F)		

※ 가족사항은 외국인등록 시 동반가족으로 등록한 사람입니다.
Members of household are those registered as accompanying family members at the time of your alien registration.

「출입국관리법」 제 88조 제 2항에 따라 위의 사실을 증명합니다.
I hereby certify that the above information has been verified pursuant to Article 88(2) of the Immigraion

01105
서대문구
2000원
2018.3.5
YHD001

발급일 (Date of Issue) 2018 년(year) 3 월(month) 5 일(day) 다음장 계속

담당자(Officer in charge): 연희동 / 위경미 전화번호(Phone No.):

연희동장
Chief of Yeonhui-dong [인]

210mm×297mm[백상지(80g/㎡) 또는 중질지(80g/㎡)]

1-2. 외국인등록 사실증명

■ 출입국관리법 시행규칙 [별지 제139호서식] <개정 2016. 9. 29.>

이 증명서는 정부민원포털(www.minwon.go.kr)에서 무료로 발급받을 수 있습니다

외국인등록 사실증명 (CERTIFICATE OF ALIEN REGISTRATION)

발급번호 (Serial No.)	7M-8R-18-000435	발급일 (Date of Issue)	2018.03.05.	현재 등록자

대상자 (Person upon whom the Certificate is issued)	외국인등록번호 (Alien Registration No.)	구 등록번호 : (변경일시 : 2002.02.01.)
	성명 (Full name) WANG JEN	
	성별(Sex) 남(M)	생년월일 (Date of Birth)
	국적(Nationality) CHINA(TAIWAN)	체류자격 (Status of Sojourn) 거주(F2-99)
	체류기간 (Period of Sojourn) 2020.06.30.	등록일자 (Date of Registration)
	등록체류지 (Address) 광주광역시 서구	
	이전의 외국인등록(국내거소신고)번호(Expired Alien Registration/Domestic Report Number)	

변경사항 (Record of residential address change)	변경일(Date)	주소 (Address)	비고(Remarks)
		"이 하 빈 칸"	

세대구성 사항 (Members of household)	관 계 (Relations)	성 명 (Name)	성별 (Sex)	생년월일 (Date of Birth)	외국인등록번호 (Alien Registration No)
	자녀		남(M)		
	자녀		남(M)		
	기타	LU	여(F)		
		"이 하 빈 칸"			

※ 가족사항은 외국인등록 시 동반가족으로 등록한 사람입니다.
Members of household are those registered as accompanying family members at the time of your alien registration.

「출입국관리법」 제 88조 제 2항에 따라 위의 사실을 증명합니다.
I hereby certify that the above information has been verified pursuant to Article 88(2) of the Immigraion Act.

발급일 (Date of Issue) 2018 년(year) 3 월(month) 5 일(day)

발급담당자(Officer in charge): 연희동 / 위경이 전화번호(Phone No.):

연희동장
Chief of Yeonhui-dong (인)

210mm×297mm[백상지(80g/㎡) 또는 중질지(80g/㎡)]

2. 외국국적동포 국내거소신고증

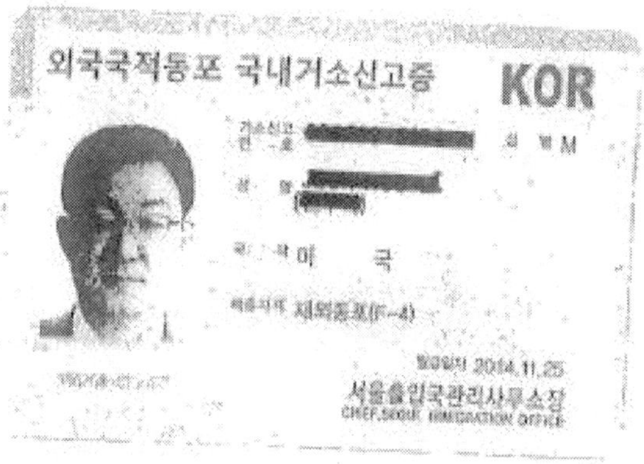

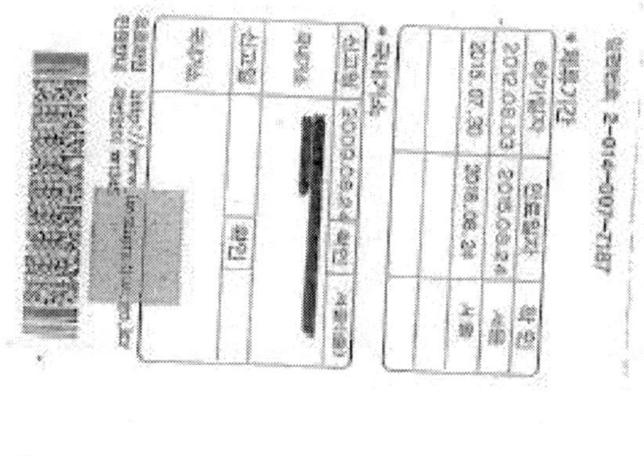

3. 국내거소신고 사실증명

[별지 제7호의2서식] <신설 2015.6.15>

국내거소신고 사실증명
CERTIFICATION OF DOMESTIC RESIDENCE REPORT

발행번호 Number	DS-BZ-15-001859 <현 신고자>	처리기간	즉 시
국내거소신고번호 Report Number		국내거소신고일 Date of Report	2009.08.24
성 명 Name		성별 Gender	남
생년월일 Date of Birth		국적 Nationality	미 국
본인이 신고한 말소된 주민등록번호 Expired Resident Registration Number		체 류 기 간 Period of Stay	2018.08.24
이전의 외국인등록번호 Expired Alien Registration Number	(변동일자:08.09.16)		

거소이전사항 Alteration of Residence

	변 경 일 Date of Change	국 내 거 소 Residence in Korea	신 고 일 Date of Report	비 고 Remarks
1	2009.08.24	서울특별시 서초구 서초동	2009.08.24	전 체
2		"이 하 빈 칸"		
3				
4				
5				
6				
7				

「재외동포의 출입국과 법적 지위에 관한 법률」 제7조에 따라 위 사실을 증명합니다.
I hereby certify the above facts pursuant to Article 7 of 「Act on the Immigration and Legal Status of Overseas Koreans」.

발급일 Date of Issue 2015. 10. 15.

인천공항출입국관리사무소도심공항출장소장
Chief, City Air Terminal Branch

수수료 : 2,000원
Fee W

전체 1 페이지 중 1 페이지입니다.(1 / 1)

담당자(Officer in charge) : 홍소연
연락처(Phone number) : 국번 없이(Please call) 1345

210㎜×297㎜[백상지 80g/㎡ (재활용품)]

4. 국내거소신고 사실증명

■ 재외동포의 출입국과 법적 지위에 관한 법[ ]규칙 [별지 제7호의2서식] <개정 2016. 9. 29>
※ 이 증명서는 정부민원포털(www.minwon.go.kr)에서 무료로 발급받을 수 있습니다

국내거소신고 사실증명
(CERTIFICATE OF DOMESTIC RESIDENCE REPORT)

발급번호 Serial No.	AN-8Z-18-000983	발급일 Date of Issue	2018-05-30	현재등록자

대상자 (Person upon whom the Certificate is issued)	국내거소신고번호 (Report No.)	국내거소신고일 (Date of Report) 2002.03.20
	성명 (Full name) LEE	
	성별(Sex) 남(M)	생년월일 (Date of Birth)
	국적(Nationality) 독일	체류기간 (Period of Sojourn) 2019.04.29
	본인이 신고한 말소된 주민등록번호 (Expired Resident Registration No.)	
	이전의 외국인등록번호(Expired Alien Registration No.)	

	변경일 (Date)	국내거소 (Residential Address in Korea)	신고일 (Date of Report)	비고 (Remarks)
거소이전사항 (Alteration of Residence)	2017.06.29	서울특별시 마포구 양화로 … 리스) "이 하 빈 칸"	2017.06.29	현재

「재외동포의 출입국과 법적 지위에 관한 법률」 제7조에 따라 위 사실을 증명합니다.
I hereby certify to the above facts in writing in accordance with Article 7 of the Act on the Immigration and Legal Status of Overseas Koreans.

발급일 (Date of Issue) 2018 년(year) 5 월(month) 30 일(day)

발급담당자(Officer in charge): / 김태경 전화번호(Phone No.):

장 Chief 직인

0150S 마포구 2018.5.30 SKD002

210mm×297mm[백상지(80g/㎡) 또는 중질지(80g/㎡)]

5-1. 인 증 서

[별지 제33호서식]

등부 2019 년 제 1012 호

인 증 서

대한법무법인

전화:590-0900(代) FAX:6670-3491

210㎜×297㎜
(보존용지(1종)70g/㎡)

5-2. 영국시민권자의 거주증명서

영국시민권자의 거주증명서

PROOF OF RESIDENCY (FOR UK CITIZENS)

한국이름(Name in Korean)			
영국이름(Name in English)	CHUNG RACHEL (정 레이첼)		
생년월일(Date of Birth)	.	성별(Sex)	여
여권번호(Passport No.)			
NI NO.	SK68-0524A		
현주소(Current Address)	OAKFIELDS, , CARDIFF, UK (영국 카디프 오크필드스)		
영국내 전화번호(Home Telephone No.)			
사용용도(Usage)	부동산등기용(상속으로 인한 소유권이전등기)		

Applicant's Signature(본인서명) : ______________

Date : 2019. 1. 17

____________는(은) 위에 기재된 사항이 진실하며 위 사서증서에 서명날인 한 것임을 본 공증인의 면전에서 자인하였다. 본 공증인은 위 인증한다.

On this ________day of __________, 20________, I, ____________________,
a notary public, hereby certify that (applicant's name), who personally appeared and duly swore before me, signed and acknowledged that the preceding statements are true and correct.

____________________ Notary Public

		SEAL
PRINTED NAME		
COMMISSION NO		
EXPIRY OF COMMISSION		
TELEPHONE NO		
ADDRESS		
SIGNATURE		

※ 동 예문은 신청자의 편의를 도모하기 위한 안내 자료인 바, 동 예문을 참고하여 신청자가 직접 작성하시기 바랍니다.

5-3.

DRIVING LICENCE · TRWYDDED YRRU
UK
1. CHUNG
4a. 12-09-12 4b. 11-09-22 4c. DVLA
9. B,B1,fkp

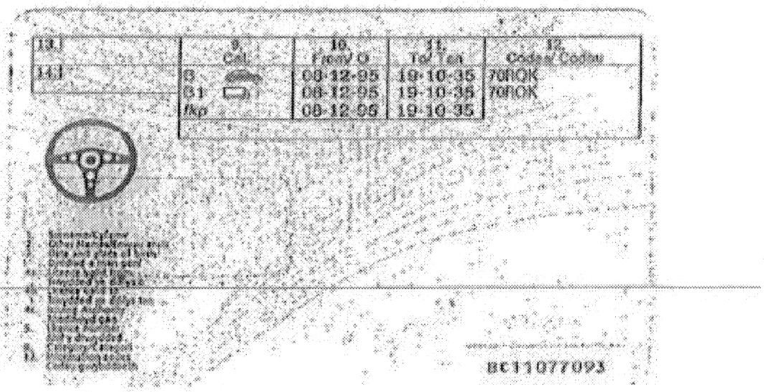
9. Cat.
10. From/ O
11. To/ Tan
12. Codes/ Codau
B 08-12-95 19-10-35 70ROK
B1 08-12-95 19-10-35 70ROK
fkp 08-12-95 19-10-35

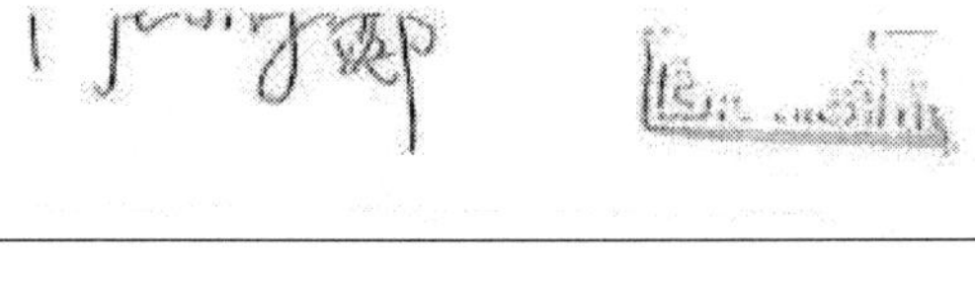

5-4.

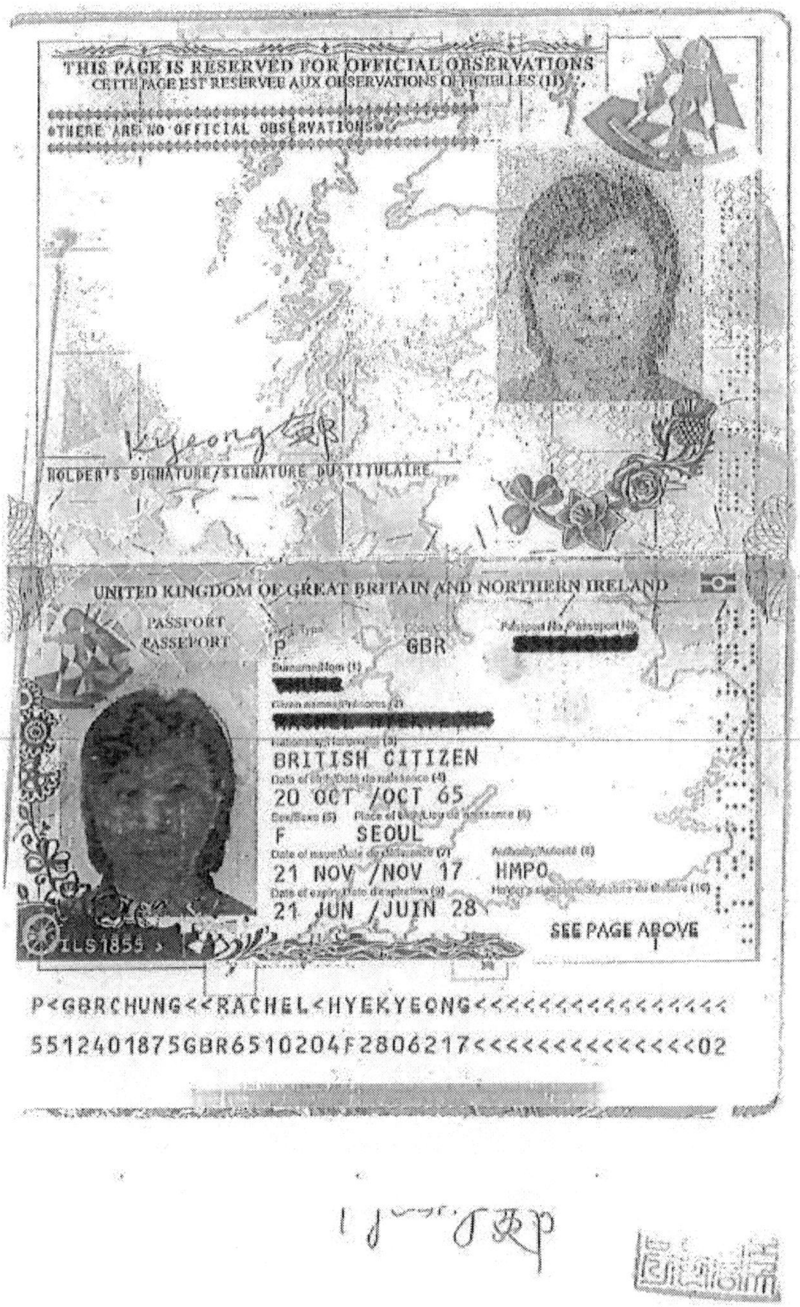
THIS PAGE IS RESERVED FOR OFFICIAL OBSERVATIONS
CETTE PAGE EST RESERVEE AUX OBSERVATIONS OFFICIELLES (11)
THERE ARE NO OFFICIAL OBSERVATIONS
HOLDER'S SIGNATURE/SIGNATURE DU TITULAIRE
UNITED KINGDOM OF GREAT BRITAIN AND NORTHERN IRELAND
PASSPORT
PASSEPORT
P
GBR
BRITISH CITIZEN
20 OCT /OCT 65
F
SEOUL
21 NOV /NOV 17
HMPO
21 JUN /JUIN 28
SEE PAGE ABOVE
P<GBRCHUNG<<RACHEL<HYEKYEONG<<<<<<<<<<<<<<<<
5512401875GBR6510204F2806217<<<<<<<<<<<<<<02

5-5. 인 증

[별지 제35호 서식]

동부 2019 년 제 1012 호

인 증

위 영국시민권자의 거주증명서에 기재된

촉탁인 : [redacted] 은

본 공증인의 면전에서 위 사서증서의 서명자인이 본인의 것임을 확인 하였다.

본 공증인은 위 촉탁인이 제시한 여권(운전면허증)에 의하여 그 사람이 틀림없음을 인정하였다.

2019 년 1 월 17 일 이 사무소에서 위 인증한다.

공증인가 대한법무법인

소속 서울중앙지방검찰청

서울 서초구 동작대로 36 대평빌딩 3층

공증인 공증담당변호사 (서명)

대한법무법인

전화:590-0900(代) FAX:6670-3491

210㎜×297㎜ (보존용지(1종)70g/㎡)

6-1. 상속재산 분할계약서

공증담당영사관
대한민국총영사관

상속재산 분할계약서

2019년 12월 21일 안양시 동안구 관악대로 [redacted] [redacted]의 사망으로 인하여 개시된 상속에 있어, 공동상속인 [redacted]은 다음과 같이 그 상속재산을 분할 협의 한다.

다 음

경기도 안산시 단원구 선부동 [redacted]
임야 1876㎡
- 이 상 -

1. 위 부동산은 [redacted]의 단독소유로 한다.
2. 공동상속인 [redacted]은 위 부동산에 대한 상속을 포기한다.

위 협의가 성립되었음을 증명하기 위하여 각자 서명날인하고 각 1통씩 보관한다.

인 증 문
본 문서에 기재된 [redacted](의 대리인)
은(는) 본직의 면전에서 위 사서증서에 자기가 한
서명 · 날인한 것임을 인정하였으므로
이 공관에서 위 탐방인니다.
SYDNEY
2020.03.05.
O 발급일자:MAR 2020
O 등록번호: 년 제 호 직위: 영사
O 수 수 료:
2020-02927
UL20208422

2020년 3월 5일

(인)

경기도 안양시 동안구 관악대로 [redacted](비산동, 비산삼성래미안아파트)

[redacted]의 대습상속인
[redacted] ([redacted]) (인)

6-2.

오사카시 텐노지구 일본

(인)
블레즈비 로드, 마일 플레이스
큐엘디 오스트레일리아

윤 (인)
경기도 안양시 동안구 동편로

윤성민 (인)
경기도 안양시 동안구 귀인로 (평촌동, 귀인마을 현대홈타운)

7-1. 인 증 서

문서확인번호 : OSN2020N61E3

등부번호 2020 년 제 00458 호

Registered No. 2020 - 00458

인 증 서

NOTARIAL CERTIFICATE

7-2. 상속재산 분할계약서

상속재산 분할계약서

2019년 12월 21일 안양시 동안구 관악대로 (비산동, 비산삼성래미안아파트) 의 사망으로 인하여 개시된 상속에 있어, 공동상속인 은 다음과 같이 그 상속재산을 분할 협의 한다.

다 음

경기도 안산시 단원구 선부동 산
임야 1876㎡
- 이 상 -

1. 위 부동산은 의 단독소유로 한다.
2. 공동상속인 은 위 부동산에 대한 상속을 포기한다.

위 협의가 성립되었음을 증명하기 위하여 각자 서명날인하고 각 1통씩 보관한다.

2020년 월 일

이순 (인)
경기도 안양시 동안구 관악대로 (비산동, 비산삼성래미안아파트)

의 대습상속인
이혜 (인)

7-3.

오사카시 텐노지구 우에혼마치 [redacted] 일본

이[redacted] (인)

[redacted] 블레즈비 로드, 에잇트 마일 [redacted]

큐엘디 오스트레일리아

윤[redacted] (인)

경기도 안양시 동안구 동편로[redacted]

윤[redacted] (인)

경기도 안양시 동안구 귀인로 [redacted] (평촌동, 귀인마을 현대홈타운)

7-4. 인 증 문

인 증 문

문서확인번호 OSN2020N6163

등부번호 2020 년 제 00458 호	Registered No. 2020 - 00458
인 증	Notarial Certificate
위 상속재산분할계약서에 기재된 (총 1명) (의 대리인) 은(는) 본직의 면전에서 위 사서증서에 자기가(본인이) 서명날인한 것임을 인정하였다.	personally(attorney-in-fact of) appeared before me and admitted his(her) (said principal's) subscription to the attached.
이 공관에서 위 인증한다.	This is hereby attested on this day of at this office.
2020 년 02 월 27 일	

성명: (서명 또는 인)

직위: 부영사

재외공관 명칭: 주오사카대한민국 총영사관

소재지: 大阪市中央区久太郎町2-5-13, 五味ビ

8-1. 대한민국 서류공증 및 아포스티유

서울특별시 서초구 서초대로 277
[제41호서식] (서초동, 기영빌딩4층)

공증인가 **법무법인 하나**

TEL :(02)593-8600
FAX :(02)3481-3055

Registered No. 2018 - 03098

NOTARIAL CERTIFICATE

HANA LAW FIRM & NOTARY OFFICE

KiYoung Bldg. 4th Floor 1716-6, Seocho-daeroSeocho-Gu, Seoul, Korea

210mm×297mm(보존용지(1종) 70g/㎡)

8-2.

Certificate of Whole of Registrations(Currently valid items) [For submission]

Register No.	[redacted]
Registration No.	[redacted]

Trade name	[redacted].	Changed on Feb. 14, 2017 Registered on Feb. 14, 2017
Head office	#2409(Boutique Monaco, Seocho-dong), 397, Seocho-daero, Seocho-gu, Seoul	Changed on Jul. 16, 2018 Registered on Jul. 16, 2018
Amount of one share	10,000 Won	
Total capital	100,000,000 Won	Changed on Aug. 28, 2017 Registered on Aug. 28, 2017

Objects

1. Wholesale and retail of clothes
1. Wholesale and retail of accessories and miscellaneous goods
1. Management consulting
1. E-commerce and mail-order
1. Wholesale and retail of furniture <Added on Jul. 29, 2018, Registered on Jan. 29, 2018>
1. Supply agency of furniture <Added on Jul. 29, 2018, Registered on Jan. 29, 2018>
1. Selling brokerage of furniture <Added on Jul. 29, 2018, Registered on Jan. 29, 2018>
1. Installation of furniture <Added on Jul. 29, 2018, Registered on Jan. 29, 2018>
1. General brokerage of goods <Added on Jul. 29, 2018, Registered on Jan. 29, 2018>
1. Export, import, trade and trading agency related to each of said items <Changed on Jul. 29, 2018, Registered on Jan. 29, 2018>
1. All the incidental business related to each of said items <Changed on Jul. 29, 2018, Registered on Jan. 29, 2018>

Matters concerning the Directors

~~Director, German, LEE, Yung Sung, Birth date: [redacted] Address: #301(Hannam-dong), 168, UN village-gil, Yongsan-gu, Seoul~~

~~Director, German, LEE, Yung Sung, Birth date: [redacted], Address: #106-2502(LG Hangang-Xi Apt., Ichon-dong), 15, Ichon-ro 64-gil, Yongsan-gu, Seoul~~
Changed Address on Mar. 21, 2016 Registered on Aug. 28, 2017

~~Director, German, LEE, Yung Sung, Birth date: [redacted], Address: #102-1305(Mecenat Polis, Seogyo-dong), 45, Yanghwa-ro, Mapo-gu, Seoul~~
Changed Address on Jun. 29, 2017 Registered on Aug. 28, 2017

Director, German, LEE, Yung Sung, Birth date: Dec. 23, 1975
Deleted Address on Aug. 28, 2017 Registered on Aug. 28, 2017

Representative Director, German, LEE, Yung Sung, Birth date: [redacted], Address: #102-1305(Mecenat Polis, Seogyo-dong), 45, Yanghwa-ro, Mapo-gu, Seoul
Appointed on Aug. 28, 2017 Registered on Aug. 28, 2017

Director, JANG, Eunhee Resident registration number 770122-[redacted]
Appointed on Aug. 28, 2017 Registered on Aug. 28, 2017

Director, KANG, Dongjoo Resident registration number 751002-[redacted]
Appointed on Aug. 28, 2017 Registered on Aug. 28, 2017

[Internet Issuance] Any forgery or alteration may be identified by verifying a bar code at the bottom of the document with a scanner or by entering on issue identification number at the issue identification menu of internet registry(http://www.iros.go.kr). Identification through the issue identification number can be performed to five times only within 3 months of the issue date.

Issue identification number: 1647-AASX-GJIO

11102030522010300121108110042611048130949171901141 1 Issue date: Dec. 03, 2018 - 1/2-
Supreme Court

8-3.

Register No.	■■■■

Director, LEE, Yogon Appointed on Aug. 28, 2017	Resident registration number 760318-■■■■■ Registered on Aug. 28, 2017
Director, LEE, Hoik Appointed on Aug. 28, 2017	Resident registration number 721213-■■■■■ Registered on Aug. 28, 2017

Company establishment date	February 13, 2014

Reasons for establishing registration entries, and the establishment day
Foundation Registered on February 13, 2014

== Blank below ==

Fee : 1,000 Won received.

Competent Registration Authority : Registry Bureau., Seoul Central District Court
Issue Registration Authority: Court Administration Office, Registry Information Center

We certify that this certificate is true and correct to the contents of registered records. (The entries of the matters related to branches / managers and currently invalid ones were omitted in the absence of request.)

Date : December 03, 2018

Court Administration Office, Registry Information Center

Computer Operation Officer /S/Official seal affixed

* Those portions crossed through with a solid line are the deleted registration particulars (or amended, or revised)

* This register may be printed out in color.

(Internet Issuance) Any forgery or alteration may be identified by verifying a bar code at the bottom of the document with a scanner or by entering on issue identification number at the issue identification menu of internet registry(http://www.iros.go.kr). Identification through the issue identification number can be performed to five times only within 3 months of the issue date.

Issue identification number: 1647-AASX-GJJD

11102030522010300121108110042611048130949171901141 1 Issue date: Dec. 03, 2018 - 2/2-
Supreme Court

8-4.

등기번호	[illegible]
등록번호	[illegible]

상 호 [illegible] ([illegible] KOREA LLC.)	2017.02.14 변경 2017.02.14 등기
본 점 서울특별시 서초구 서초대로 [illegible](서초동, 부띠크모나코)	2018.07.16 변경 2018.07.16 등기

출자 1좌의 금액 금 10,000 원	

자본금의 총액 금 100,000,000 원	2017.08.28 변경 2017.08.28 등기

목 적

1. 의류 도.소매업
1. 액세서리 및 잡화 도.소매업
1. 경영컨설팅업
1. 전자상거래 및 통신판매업
1. 가구 도.소매업 <2018.01.29 추가 2018.01.29 등기>
1. 가구 공급알선업 <2018.01.29 추가 2018.01.29 등기>
1. 가구 판매중개업 <2018.01.29 추가 2018.01.29 등기>
1. 가구 설치업 <2018.01.29 추가 2018.01.29 등기>
1. 상품 종합 중개업 <2018.01.29 추가 2018.01.29 등기>
1. 위 각호와 관련된 수출입업, 무역업 및 무역대행업 <2018.01.29 변경 2018.01.29 등기>
1. 위 각호와 관련된 부대사업 일체 <2018.01.29 변경 2018.01.29 등기>

임원에 관한 사항

~~이사 독일국인 [illegible](LEE YUNG SUNG) 1975년 12월 23일생 서울특별시 용산구 유엔빌리지길 168, 301호(한남동)~~

~~이사 독일국인 [illegible](LEE YUNG SUNG) 1975년 12월 23일생 서울특별시 용산구 이촌로64길 15, 106동 2502호(이촌동, 엘지한강자이아파트)~~

2016 년 03 월 21 일 주소변경 2017 년 08 월 28 일 등기

~~이사 독일국인 이영성(LEE YUNG SUNG) 1975년 12월 23일생 서울특별시 마포구 양화로 45, 102동 1306호(서교동, 메세나폴리스)~~

2017 년 06 월 29 일 주소변경 2017 년 08 월 28 일 등기

이사 독일국인 이영성(LEE YUNG SUNG) 1975년 12월 23일생

2017 년 08 월 28 일 주소삭제 2017 년 08 월 28 일 등기

대표이사 독일국인 이영성(LEE YUNG SUNG) 1975년 12월 23일생 서울특별시 마포구 양화로 45, 102동 1305호(서교동, 메세나폴리스)

2017 년 08 월 28 일 취임 2017 년 08 월 28 일 등기

이사 [illegible]

2017 년 08 월 28 일 취임 2017 년 08 월 28 일 등기

이사 [illegible]

2017 년 08 월 28 일 취임 2017 년 08 월 28 일 등기

[인터넷 발급] 문서 하단의 바코드를 스캐너로 확인하거나, 인터넷등기소(http://www.iros.go.kr)의 발급확인 메뉴에서 발급확인번호를 입력하여 위·변조 여부를 확인할 수 있습니다. 발급확인번호를 통한 확인은 발행일부터 3개월까지 5회에 한하여 가능합니다.

발급확인번호 1647-AASK-GJJD

11102030522010300121108110042611048130949171901141 1 발행일:2018/12/03

- 1/2 -

8-5.

이사 [redacted]
2017 년 08 월 28 일 취임 2017 년 08 월 28 일 등기

이사 [redacted]
2017 년 08 월 28 일 취임 2017 년 08 월 28 일 등기

회사성립연월일 2014 년 02 월 13 일

등기기록의 개설 사유 및 연월일
설립
2014 년 02 월 13 일 등기

수수료 1,000원 영수함 ── 이 하 여 백 ──
관할등기소 : 서울중앙지방법원 등기국 / 발행등기소 : 법원행정처 등기정보중앙관리소

이 증명서는 등기기록의 내용과 틀림없음을 증명합니다. [다만, 신청이 없는 지점 · 지배인에 관한 사항과 현재 효력이 없는 등기사항의 기재를 생략하였습니다]
서기 2018년 12월 03일
법원행정처 등기정보중앙관리소 전산운영책임관

* 실선으로 그어진 부분은 말소(변경,경정)된 등기사항입니다. * 등기사항증명서는 컬러로 출력 가능함.
[인터넷 발급] 문서 하단의 바코드를 스캐너로 확인하거나, 인터넷등기소(http://www.iros.go.kr)의 발급확인 메뉴에서 발급확인번호를 입력하여 위 · 변조 여부를 확인할 수 있습니다.
발급확인번호를 통한 확인은 발행일부터 3개월까지 5회에 한하여 가능합니다.

발급확인번호 1647-AASX-GJJD

11102030522010300121108110042611048130049171901141 1 발행일:2018/12/03

- 2/2 -

8-6.

서울특별시 서초구 서초대로 277 (제45호서식) (서초동, 기영빌딩4층) 법무법인 하나 TEL :(02)593-0800 FAX :(02)3481-3055

위 번역문은 원문과 상위없음을 서약합니다. 2018 . 12 . 4 . 서약인 장석복	I swear that the attached translation is true to the original 4 th day of Dec. , 2018 Signature S. B. C.
등부 2018 년 제 03098 호 **인 증** 위 장 석 복 은 본 공증인의 면전에서 위 번역문이 원문과 상위없음을 확인하고 서명 날인하였다. 2018 . 12 . 4 . 이 사무소에서 위 인증한다. 공증인가 법무법인 하나 소속 서울중앙지방검찰청 서울특별시 서초구 서초대로 277 (서초동, 기영빌딩4층) 공증인 공증담당변호사	Registered No. 2018 - 03098 **Notarial Certificate** SEOK BOK CHANG Personally appeared before me, confirmed that the attached translation is true to the original and subscribed his(her) name This is hereby attested on this 4 th day of Dec. , 2018 at this office. HANA LAW FIRM & NOTARY OFFICE BELONG TO SEOUL CENTRAL DISTRICT PROSECUTORS' OFFICE KiYoung Bldg. 4th Floor 1716-6, Seocho-dong, Seocho-Gu, Seoul, Korea CHOI JONG WOO Attorney at law acting as Notary Public This office has been authorized by the Minister of Justice, the Republic of Korea, to act as Notary Public since Dec,19,1998. under Law No. 146.

210mm×297mm(보존용지(1종) 70g/㎡)

8-7.

APOSTILLE

(Convention de La Haye du 5 octobre 1961)

1. Country : Republic of Korea

This public document

2. has been signed by CHOI JONG WOO

3. acting in the capacity of Notary Public

4. bears the seal/stamp of HANA LAW FIRM AND NOTARY OFFICE

Certified

5. at Seoul 6. 04/12/2018

7. by The Ministry of Justice

8. No. XXA2018F6V520V

9. Seal/ stamp 10. Signature

MINISTRY OF JUSTICE • REPUBLIC OF KOREA 법무부

Park Chi-Whoal

Park Chi-Whoal

9. 상속재산분할 협의서

상속재산분할협의서

피상속인 망 ■■■■는 2020년 10월 25일 사망함으로 인하여 개시된 상속에 관하여, 공동상속인들은 다음과 같이 상속재산의 분할을 협의한다.

* 상속목적인 상속재산

1. (건물)

경기도 여주시 대신면 천서리 335-1외 1필지 가동

[도로명주소] 경기도 여주시 대신면 파사성2길 42

조적조 철근콘크리트지붕 단층 단독주택(창고)

1층 97.94㎡

지하실 49.77㎡

2. (건물)

경기도 여주시 대신면 천서리 335-1외 1필지 나동

[도로명주소] 경기도 여주시 대신면 파사성2길 42

기타강구조 기타지붕,판넬 단층 창고

52.91㎡

위 상속부동산은, 공동상속인 1. ■■■ 2. (캐나다인)■■■ 3. ■■■ 4. ■■■ 중 공동상속인 (캐나다인)■■■의 소유로 한다.

위 협의사실을 증명하기 위하여 이 협의서를 4통 작성하고, 아래와 같이 기명날인하여 각 1통씩 보관하기로 한다.

2021년 04월 01일

1. ■■■(주민등록번호 : ■■■■■■)

2. 캐나다인

(한국명) : ■■■ (말소 주민등록번호 : ■■■■■■) (서명)

(캐나다명) : Kang Hee Won ■■■■■■ 생)

(시민권번호 : B0■■■■)

895 Jackman Gate, Milton ON L9T 0L3 Canada

3. ■■■주민등록번호 : ■■■■■■)

4. ■■■(주민등록번호 : ■■■■■■)

I have witnessed the signature of Kang Hee Won after presentation of government-issued photo ID, at Mississauga, Ontario, on this 1st day of April, 2021

I have not reviewed nor given any legal advice on the document.

WALK-IN NOTARY
1500-4 Robert Speck Parkway
Mississauga, ON., L4Z 1S1
905-366-4356
www.walkinnotary.ca

Mary Shemon
Barrister & Solicitor
Notary Public and Commissioner of Oaths
in and for the Province of Ontario.
My commission is of unlimited duration.
No legal advice given.

APR 0 6 2021

10-1. 상속재산분할 협의서

상속재산분할 협의서

Agreement for Division of Inherited Property

2018년 12월 28일 [illegible](주민등록번호 : [illegible], 주소 : 경기도 과천시 별양로 12, [illegible](원문동, 래미안슈르)의 사망으로 인하여 개시된 상속에 있어 공동상속인 [illegible], (미합중국인)[illegible], (영국인)[illegible] [illegible]은 다음과 같이 상속재산을 분할하여 소유하기로 협의한다.

With regard to the succession commenced as a predecessor, (deceased) Jeong Chae CHUNG(Korean resident registration number: 360205-1068718, Address: #327-102,(Raemian Sur Apt., Wonmun-dong), 12, Byeoryang-ro, Gwacheon-si, Gyeonggi-do, Korea) deceased on December 28, 2018, Hee Suk KWON, In Kyung SHU(American), Rachel Hyekyeong CHUNG(English), Mi Kyeong CHUNG and Ae Kyeong CHUNG who are the joint successors agree to the division of the inherited property, as follows:

[상속재산 : 토지]

1. 충남 부여군 임천면 점리 204-3 대지 623㎡[고유번호 : 1643-1996-732113]
2. 충남 부여군 임천면 점리 338-2 전 1726㎡[고유번호 : 1643-1996-253578]

위 부동산은 공동상속인 중 [illegible]이 단독으로 소유하기로 한다.

10-2.

[Inherited property: Land]

1. Building site 623 ㎡ at 204-3, Jeom-ri, Imcheon-myeon, Buyeo-gun, Chungnam [Serial number: 1643-1996-732113]
2. Dry field 1726 ㎡ at 338-2, Jeom-ri, Imcheon-myeon, Buyeo-gun, Chungnam [Serial number: 1643-1996-253578]

It is agreed by the joint successors that said real estates should be in possession of a sole owner, [redacted] among the joint successors.

위 협의를 증명하기 위하여 협의서를 5통 작성하고 아래와 같이 서명 혹은 기명날인하여 각 1통씩 보유한다.

2019년 03월 20일

IN WITNESS WHEREOF, the joint successors have caused this agreement to be executed in quinary, each of which shall be kept by each party.

Date: March 20, 2019

공동상속인

Said joint successors:

1. [redacted](주민번호 : 41[redacted]) (인)
경기도 과천시 별양로 12, [redacted](원문동, 래미안슈르)

1. [redacted](Korean resident registration number:41[redacted]) (Seal)
[redacted](Raemian Sur Apt., Wonmun-dong), 12, Byeoryang-ro, Gwacheon-si, Gyeonggi-do, Korea

10-3.

2. 미합중국인

(한국명) : [illegible](주민번호 : [illegible]) (사인)

(미국명) : SHU IN KYUNG 서인경

[illegible]-6780021(부동산등기용등록번호)

미합중국 텍사스주 라운드락 엠퍼러코트 [illegible]

([illegible] EMPEROR COURT ROUND ROCK TX U.S)

2. American

(Name in Korea) : [illegible] CHUNG(Korean resident registration number : [illegible]) (Signature)

(Name in U.S.A.) : SHU [illegible]

[illegible]-6780021(Registration number for registration of real estate)

([illegible] EMPEROR COURT ROUND ROCK TX U.S)

3. 영국인

(한국명) : [illegible](주민번호 : [illegible]) (사인)

(영국명) : CHUNG RACHEL HYEKYEONG 정 레이첼 혜경

[illegible]-6780034(부동산등기용등록번호)

영국 카디프 마쉬필드 오크필드스 [illegible]

([illegible] OAKFIELDS, MARSHFIELD, CARDIFF, UK)

3. English

(Name in Korea) : [illegible](Korean resident registration number : [illegible]) (Signature)

(Name in England) : CHUNG RACHEL HYEKYEONG

[illegible]-6780034(Registration number for registration of real estate)

([illegible] OAKFIELDS, MARSHFIELD, CARDIFF, UK)

10-4.

4. [redacted](주민번호 : [redacted]) (인)

경기도 성남시 분당구 분당로263번길 24, [redacted](분당동, 장안타운)

4. [redacted] CHUNG((Korean resident registration number:[redacted]) (Seal)

#[redacted](Changan Town, Bundang-dong), 24, Bundang-ro 263beon-gil, Bundang-gu, Seongnam-si, Gyeonggi-do, Korea

5. [redacted](주민번호 : [redacted]) (인)

경기도 의왕시 모락로 89-15, [redacted](오전동, 해모로아파트)

5. [redacted] CHUNG(Korean resident registration number:710724-2068710) (Seal)

#[redacted](Haemoro Apt., Ojeon-dong), 89-15, Morak-ro, Uiwang-si, Gyeonggi-do, Korea

10-5.

THIS PAGE IS RESERVED FOR OFFICIAL OBSERVATIONS
CETTE PAGE EST RESERVEE AUX OBSERVATIONS OFFICIELLES (11)

THERE ARE NO OFFICIAL OBSERVATIONS

HOLDER'S SIGNATURE/SIGNATURE DU TITULAIRE

UNITED KINGDOM OF GREAT BRITAIN AND NORTHERN IRELAND

PASSPORT
PASSEPORT

P GBR

CHUNG

RACHEL

BRITISH CITIZEN

F SEOUL

21 NOV /NOV 17 HMPO

21 JUN /JUIN 28

SEE PAGE ABOVE

P<GBRCHUNG<<RACHEL<HYEKYEONG<<<<<<<<<<<<<<<

5512401875GBR6510204F2806217<<<<<<<<<<<<<<02

I certify this to be a true copy of the original.

NOTARY PUBLIC

10-6.

DRIVING LICENCE · TRWYDDED YRRU

UK

1. CHUNG
2. MRS RACHEL [redacted]
3. [redacted] KOREA SOUTH
4a. 12-09-12 4b. 11-09-22 4c. DVLA
5. CHUNG860205RH9YP 42
7.
8. 29 OAKFIELDS, MARSHFIELD, CARDIFF, CF3 2EZ
9. B,B1,f,k,p

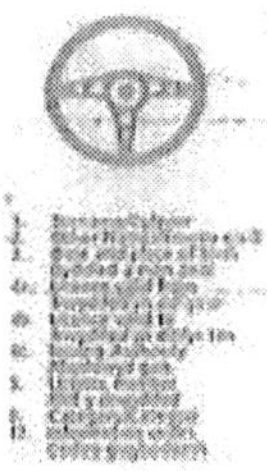

12.]	9. Cat.	10. From/ O	11. To/ Tan	12. Codes/ Codau
13.]	B	08-12-95	19-10-35	70ROK
	B1	08-12-95	19-10-35	70ROK
	f/k/p	08-12-95	19-10-35	

BC11077093

I certify this to be a true copy of the original

NOTARY PUBLIC

10-7.

Richard John Hindle Fisher는(은) 위에 기재된 사항이 진실하며 위 사증서에 본인이 서명날인한 것임을 본 공증인의 면전에서 자인하였다. 본 공증인은 이를 인증한다.

I, Richard John Hindle Fisher A NOTARY PUBLIC, DO HEREBY CERTIFY THAT ON THE 20th DAY OF MARCH, 2019, PERSONALLY APPEARED BEFORE ME, Rachel Hyekyeong Chung, WHO, BEING BY ME FIRST DULY SWORN, DECLARED THAT ~~HE~~(SHE) IS THE PERSON WHO SIGNED THE FOREGOING STATEMENT AND THAT THE STATEMENTS ARE TRUE AND CORRECT.

PRINTED NAME	Richard John Hindle Fisher	SEAL
COMMISSION NO	Not Applicable	
MY COMMISSION EXPIRES	31st October 2019	
TELEPHONE NO	029 20491271	
ADDRESS	57 The Parade Cardiff CF24 3AB United Kingdom	
SIGNATURE OF NOTARY	[signature]	

10-8.

APOSTILLE

(Convention de La Haye du 5 octobre 1961)

1.	**Country:** Pays / Pais:	United Kingdom of Great Britain and Northern Ireland
	This public document Le présent acte public / El presente documento público	
2.	**Has been signed by** a été signé par ha sido firmado por	R J H Fisher
3.	**Acting in the capacity of** agissant en qualité de quien actúa en calidad de	Notary Public
4.	**Bears the seal / stamp of** est revêtu du sceau / timbre de y está revestido del sello / timbre de	The Said Notary Public

Certified

Attesté / Certificado

5.	**at** á / en	London	6.	**the** le / el dia	21 March 2019
7.	**by** par / por	Her Majesty's Principal Secretary of State for Foreign and Commonwealth Affairs			
8.	**Number** sous no / bajo el numero	APO-1372289			
9.	**Seal / stamp** Sceau / timbre Sello / timbre	FOREIGN AND COMMONWEALTH OFFICE LONDON	10.	**Signature** Signature Firma	K. Game

This Apostille is not to be used in the UK and only confirms the authenticity of the signature, seal or stamp on the attached UK public document. It does not confirm the authenticity of the underlying document. Apostilles attached to documents that have been photocopied and certified in the UK confirm the signature of the UK official who conducted the certification only. It does not authenticate either the signature on the original document or the contents of the original document in any way.

If this document is to be used in a country not party to the Hague Convention of the 5th of October 1961, it should be presented to the consular section of the mission representing that country

To verify this apostille go to www.verifyapostille.service.gov.uk

RICHARD JOHN HINDLE FISHER NOTARY PUBLIC

11-1. 상속재산분할 협의서

상속재산분할 협의서

2018년 10월 21일 [redacted] 경상남도 밀양시 진장1길 [redacted]의 사망으로 개시된 상속에 있어 공동상속인 [redacted]는 다음과 같이 상속재산을 분할하여 소유하기로 협의한다.

[상속재산 : 토지 1필지]

1. 경남 창녕군 장마면 초곡리 308-2 전 463㎡[고유번호 : 1951-1996-450039]

위 부동산을 공동상속인 중 [redacted] 단독소유로 하기로 협의한다.

위 협의를 증명하기 위하여 협의서 5통을 작성, 아래와 같이 기명날인하여 각 1통씩 보유한다.

2021년 03월 02일

[공동상속인]

1. 윤[redacted] (인)
경남 창원시 성산구 외동반림로 219, [redacted]
(반림동, 현대아파트)

2. 윤[redacted] (인)
서울특별시 성동구 독서당로 272, [redacted]호
(금호동4가, 금호동대우아파트)

3. 윤[redacted] (인)
서울특별시 강남구 영동대로 602, [redacted]
(삼성동, 삼성동미켈란107)

4. 윤[redacted] (인)
서울특별시 노원구 섬밭로 265, [redacted]
(중계동, 경남아파트)

5. 캐나다국인
○ 한국성명 : 윤[redacted] (인)
최종주소 : 경상북도 포항시 남구 지곡동 756 교수아파트 [redacted]
○ 캐나다성명 : YOON, [redacted](생년월일 : [redacted]년 [redacted]월 [redacted]일) ※ 성명 미변경
현재주소 : [redacted] JADE CRESCENT WOODBRIDGE, ON, CANADA
(캐나다 온타리오주 우드브리지 제이드 크레센트 [redacted])

인 증 문
본 문서에 기재된 윤[redacted] (의 대리인)
은(는) 본직의 면전에서 위 사서증서에 자기가(
서명 · 날인한 것임을 인정하였다.
이 공관에서 위 인증한다.

MAR 16 2021 서명 김영

○ 발행일자 : 년 월 일 성명 : Kim, Y
○ 등록번호 : 년 제 호 직위 : 영 사
○ 수 수 료 : 납부완료 재외공관 명칭 : 주토론
#TD2021-3123 소재지 : 캐나다

11-2.

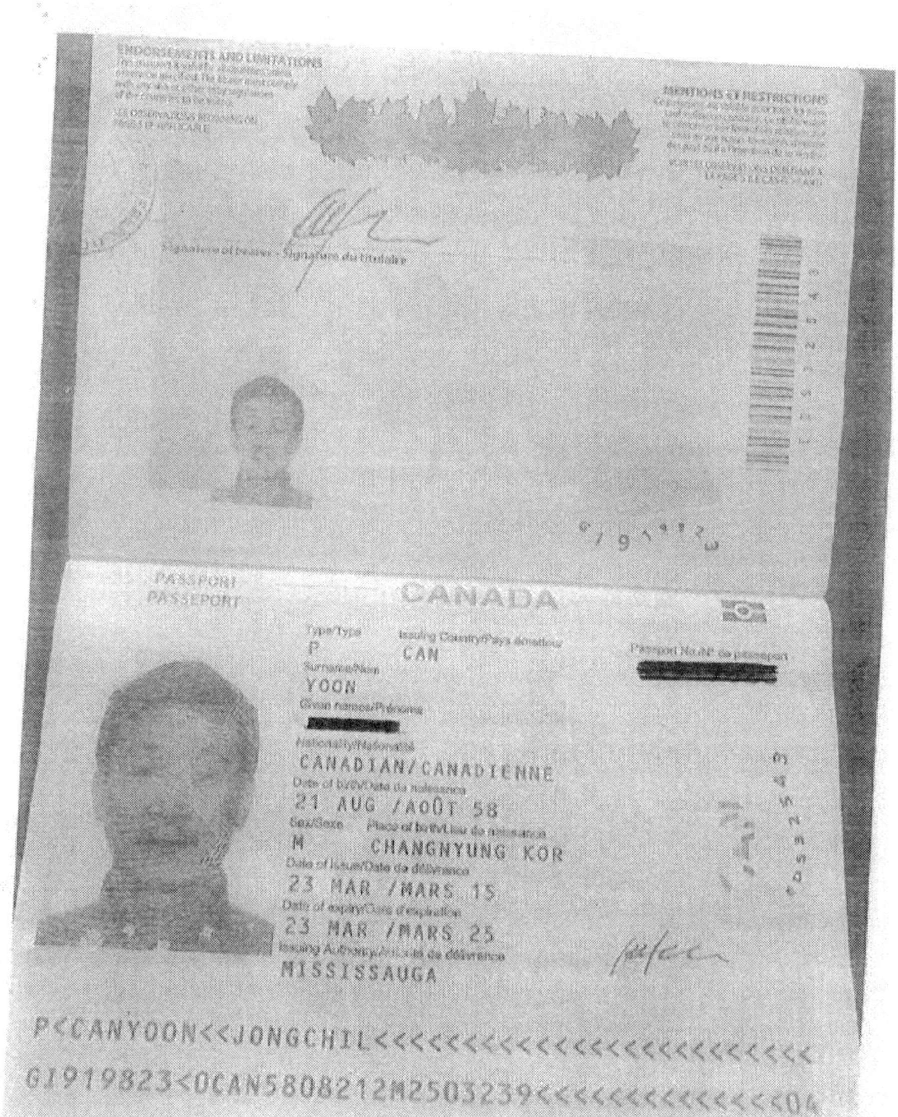
ENDORSEMENTS AND LIMITATIONS
MENTIONS ET RESTRICTIONS
Signature of bearer - Signature du titulaire
PASSPORT
PASSEPORT
CANADA
Type/Type
P
Issuing Country/Pays émetteur
CAN
Passport No./N° de passeport
Surname/Nom
YOON
Given names/Prénoms
Nationality/Nationalité
CANADIAN/CANADIENNE
Date of birth/Date de naissance
21 AUG /AOÛT 58
Sex/Sexe
Place of birth/Lieu de naissance
M
CHANGNYUNG KOR
Date of issue/Date de délivrance
23 MAR /MARS 15
Date of expiry/Date d'expiration
23 MAR /MARS 25
Issuing Authority/Autorité de délivrance
MISSISSAUGA
P<CANYOON<<JONGCHIL<<<<<<<<<<<<<<<<<<<<<<<<<<<
GI919823<0CAN5808212M2503239<<<<<<<<<<<<<<04

11-3.
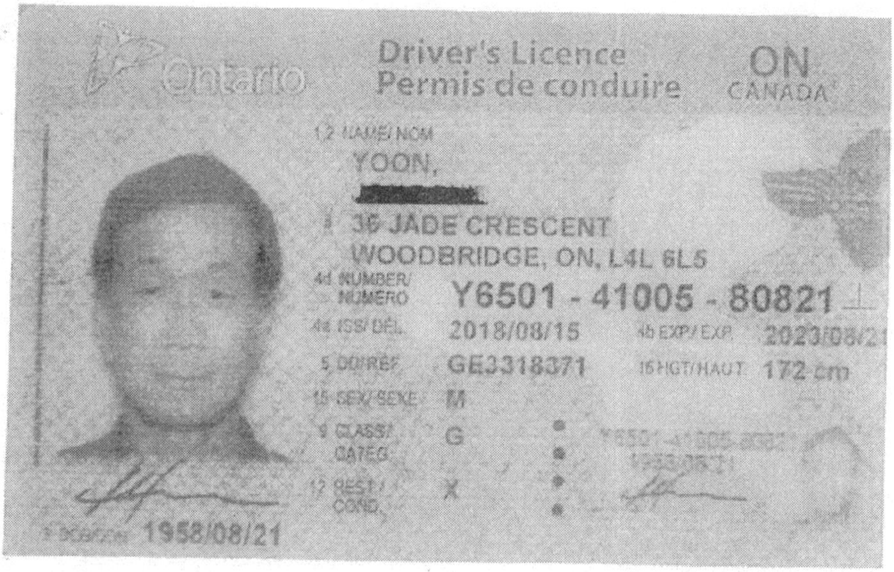Ontario Driver's Licence Permis de conduire ON CANADA 1,2 NAME/NOM YOON, 36 JADE CRESCENT WOODBRIDGE, ON, L4L 6L5 4d NUMBER/ NUMÉRO Y6501 - 41005 - 80821 4a ISS/DÉL 2018/08/15 4b EXP/EXP. 5 DD/RÉF GE3318371 16 HGT/HAUT 172 cm 15 SEX/SEXE M 9 CLASS/ CATÉG. G 12 REST/ COND. X 1958/08/21

12. 인감증명서

■ 인감증명법 시행령 [별지 제14호서식]

인감증명서 발급사실 확인용 번호	0615 - 1762 - 1
신청인: WANG JEN CHIH (생년월일:1975.10.12), 담당자: 위정이 (전화:02-330-8115)	

※이 용지는 위조식별표시가 되어 있음

외국인 등록번호	75■■■■-522■■■■	인감증명서 (외국인)	본인	대리인
			○	

성명 (한자)	WANG ■■■■	인감
국적	타이완	
주소	서울특별시 서대문구 연희로27길 ■■ (연희동)	

용도	매도용	[ ] 부동산 매수자 [ ] 자동차 매수자			
		성명(법인명)	빈칸	주민등록번호 (법인등록번호)	
		주소 (법인 소재지)			
		위의 기재사항을 확인합니다. (발급신청자) (서명)			
	일반용				
비고					

1. 인감증명서 발급사실통보서비스를 신청하면 발급 사실을 휴대폰 문자로 즉시 통보받을 수 있습니다.
2. 인감증명서 발급 신청인이 본인인 경우에는 본인란에, 대리인이 신청하는 경우에는 대리인란에 O표시합니다.
3. 주민등록번호란에는 미주민등록 재외국민의 경우 여권번호, 국내거소신고자의 경우에는 국내거소신고번호, 외국인의 경우에는 외국인등록번호를 기재하며, 주민등록번호가 있는 경우 그 아래에 ( )를 하고 주민등록번호를 기재할 수 있습니다.
4. 민원인이 요청하는 경우 주소이동사항을 포함하여 발급합니다.
5. 부동산 또는 자동차(「자동차관리법」 제5조에 따라 등록된 자동차를 말합니다) 매도용으로 인감증명서를 발급받으려면 매수자의 성명, 주민등록번호, 주소를 확인하고 서명하여야 합니다. 다만, 부동산 또는 자동차 매도용 외의 경우에는 "빈칸"으로 표시됩니다.
6. 용도의 일반용란은 '은행제출용', 'OO은행의 대출용으로만 사용' 등 자유롭게 기재할 수 있습니다. 다만, 피한정후견인의 인감증명서를 발급하는 경우에는 담당 공무원이 신청인에게 구체적인 용도를 확인하여 직접 기재하여 발급하여야 합니다.
7. 매수자가 개인사업자인 경우 대표자의 성명, 주민등록번호를 작성하되, 주소는 사업장소재지를 기재합니다.
8. 미성년자, 피한정후견인, 피성년후견인의 표시와 미성년자의 법정대리인, 한정후견인, 성년후견인의 성명 및 주민등록번호의 기재는 비고란에 합니다. 비고란은 개명한 사람인 경우 개명 전 성명 등 민원인 요청사항을 기재하면 됩니다.
9. 인감증명서의 발급사실은 전자민원창구(www.minwon.go.kr)를 통하여 「발급일, 인감증명 발급사실 확인용 번호, 주민등록번호, 발급기관」으로 확인할 수 있습니다.
10. 인감증명서와 동일한 효력이 있는 본인서명사실확인서는 미리 신고해야 하는 불편없이 전국 읍면사무소 및 주민센터에서 바로 발급이 가능한 편리한 제도입니다.

번호	No. 1762	위 인감은 신고되어 있는 인감임을 증명합니다.

2018년 3월 5일

서울특별시 서대문구 연희동장

01125 서대문구 600원 2018.3.5 YHD001

[120111001114101418071001-100657061060155205210] 세무과 증명청 : 연희동(/)

210mm × 297mm(특수용지 80g/㎡)

13. 인감증명서

■ 인감증명법 시행령 [별지 제14호서식]

인감증명서 발급사실 확인용 번호	06... - 1873 - 1
신청인: ■■■ (생년월일:1975.12.23), 담당자: 한정희 (전화:02-3153-6740)	

※이 용지는 위조식별표시가 되어 있음

인감증명서
(국내거소신고자)

국내거소신고번호	751■■■ - 510■■■	본 인	대리인
		○	
성 명 (한 자)	LEE ■■■	인감	
국 적	독일		
주 소	서울특별시 마포구 양화로 45, ■■■ (서교동, 메세나폴리스)		

용도				
매도용	[ ] 부동산 매수자 [ ] 자동차 매수자			
	성명(법인명)	빈 칸	주민등록번호 (법인등록번호)	
	주 소 (법인 소재지)			
	위의 기재사항을 확인합니다. (발급신청자) (서명)			
일반용				
비 고				

1. 인감증명서 발급사실통보서비스를 신청하면 발급 사실을 휴대폰 문자로 즉시 통보받을 수 있습니다.
2. 인감증명서 발급 신청인이 본인인 경우에는 본인란에, 대리인이 신청하는 경우에는 대리인란에 O표시됩니다.
3. 주민등록번호란에는 비주민등록 재외국민의 경우 여권번호, 국내거소신고자의 경우에는 국내거소신고번호, 외국인의 경우에는 외국인등록번호를 기재하며, 주민등록번호가 있는 경우 그 아래에 ( )를 하고 주민등록번호를 기재할 수 있습니다.
4. 민원인이 요청하는 경우 주소이동사항을 포함하여 발급합니다.
5. 부동산 또는 자동차(「자동차관리법」 제5조에 따라 등록된 자동차를 말합니다) 매도용으로 인감증명서를 발급받으려면 매수자의 성명, 주민등록번호, 주소를 확인하고 서명하여야 합니다. 다만, 부동산 또는 자동차 매도용 외의 경우에는 "빈칸"으로 표시됩니다.
6. 용도의 일반용란은 '은행제출용', 'OO은행의 대출용으로만 사용' 등 자유롭게 기재할 수 있습니다. 다만, 피한정후견인의 인감증명서를 발급하는 경우에는 담당 공무원이 신청인에게 구체적인 용도를 확인하여 직접 기재하여 발급하여야 합니다.
7. 매수자가 개인사업자인 경우 대표자의 성명, 주민등록번호를 작성하되, 주소는 사업장소재지를 기재합니다.
8. 미성년자, 피한정후견인, 피성년후견인의 표시와 미성년자의 법정대리인, 한정후견인, 성년후견인의 성명 및 주민등록번호의 기재는 비고란에 합니다. 비고란은 개명한 사람인 경우 개명 전 성명 등 민원인 요청사항을 기재하면 됩니다.
9. 인감증명서의 발급사실은 전자민원창구(www.minwon.go.kr)를 통하여 「발급일, 인감증명 발급사실 확인용 번호, 주민등록번호, 발급기관」으로 확인할 수 있습니다.
10. 인감증명서와 동일한 효력이 있는 본인서명사실확인서는 미리 신고해야 하는 불편없이 전국 읍면사무소 및 주민센터에서 바로 발급이 가능한 편리한 제도입니다.

0060 MAPO 마포구 600원 2018.2.19 SK0004

번호	No. 1873	위 인감은 신고되어 있는 인감임을 증명합니다.

2018년 2월 19일

서울특별시 마포구 서교동장

[12011100314102448064002-130628766170609300310] 거소지 증명청 : 서교동(/)

210mm ×297mm(특수용지 80g/m²)

14-1. 인증서

[별지 제33호서식]

등부 2022 년 제 7992 호

인 증 서

대한법무법인
전화:590-0900(代) FAX:6670-3491

210㎜×297㎜
(보존용지(1종)70g/㎡)

14-2. 상속재산협의분할 및 등기 위임장

[외국인의 처분위임장]

상속재산협의분할 및 등기 위임장

위임인 성 명 : 오스트레일리아국인 KO ▇▇(Sex : F)
생년월일 : 1964. ▇▇▇
여권번호 : ▇▇▇▇
주 소 : ▇▇MARIE AVE GLENWOOD NSW 2768

수임인 성 명 : 고 ▇(▇▇▇▇)
주 소 : 서울시 서대문구 가재울미래로 2, ▇▇▇▇
(남가좌동, 디엠씨파크뷰자이)

상속할 부동산 : 서울시 서대문구 가재울로 45, 107동 ▇▇(남가좌동, 남가좌동현대아파트)

피상속인 성 명 : 소▇(▇▇▇▇)
주 소 : 서울시 서대문구 가재울로 45, ▇▇▇▇(남가좌동, 남가좌동현대아파트)

위임 내용 : 위 부동산에 관하여 협의분할에 의한 상속등기를 함에 있어 상속인 고▇(▇▇▇▇)의 단독소유로 등기하는 것과, 이와 관련된 일체의 모든 행위

위임인은 피상속인의 사망으로 인해 위 부동산을 '협의분할에 의한 상속등기'를 함에 있어 상속등기와 관련되는 일체의 행위를 할 수 있는 대리권을 수임인에게 수여함

= 아 래 =

1. 상속인중 고▇(▇▇▇▇)의 단독소유로 하는 '상속재산 협의분할서'의 작성
2. 상속재산의 소유권이전등기를 법무사에게 위임하는 것과 관련되는 일체의 행위
3. 기타 상속재산 협의분할 및 등기와 관련되는 일체의 행위

2022년 04월 20일

위임인 오스트레일리아국인 KO ▇▇(1964. ▇▇.) (Signature)

14-3

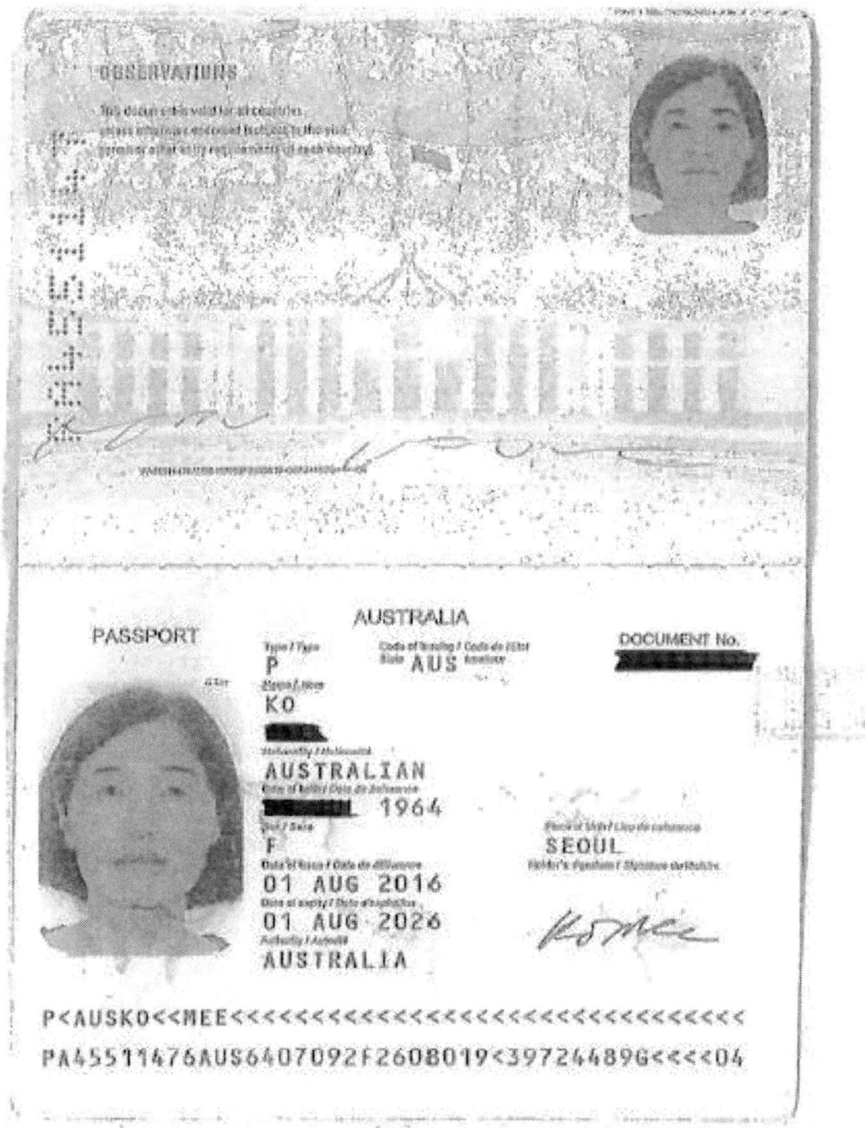
OBSERVATIONS
PASSPORT
AUSTRALIA
DOCUMENT No.
P
AUS
KO
AUSTRALIAN
1964
F
SEOUL
01 AUG 2016
01 AUG 2026
AUSTRALIA
P<AUSKO<<MEE<<<<<<<<<<<<<<<<<<<<<<<<<<<<<<<<<<
PA45511476AUS6407092F2608019<39724489G<<<<04

14-4.
Driver Licence New South Wales, Australia MARIE AVE GLENWOOD NSW 2768 Licence No. C S Date of Birth Expiry Date 05 APR 2026

14-5.

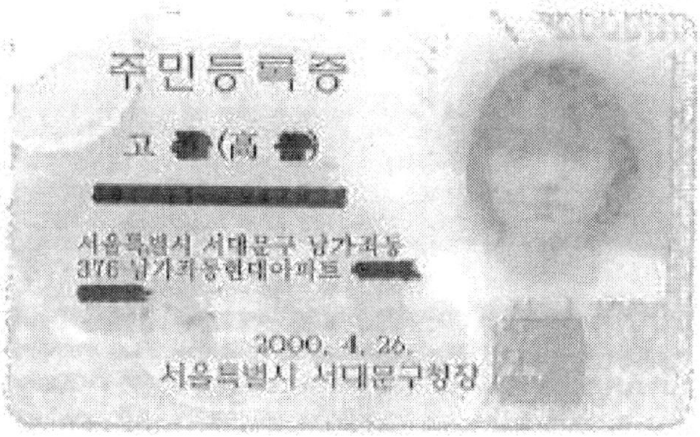

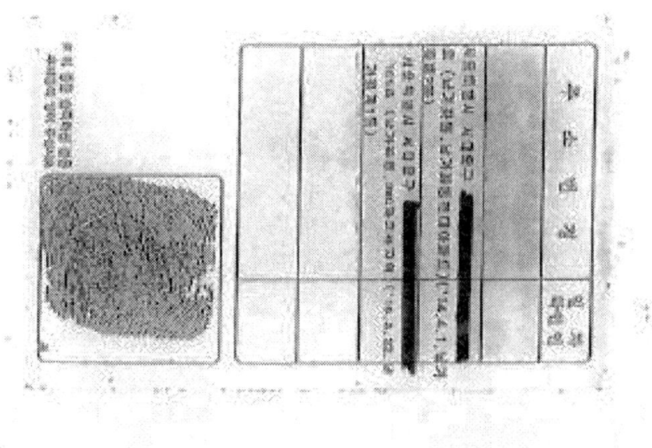

14-6. 인 증

[별지 제35호 서식]

등부 2022 년 제 7992 호

인 증

위 상속재산협의분할 및 등기위임장――――――――에 기재된

위임인 : 오스트레일리아국인 KO ▇▇ (고▇)는――――――――

본 공증인의 면전에서 위 사서증서의 서명이 본인의 것임을

확인 하였다.――――――――――――――――――――

본 공증인은 위 촉탁인이 제시한 여권에 의하여 그 사람이 틀림없음을

인정하였다. ――――――――――――――――――――

2022 년 4 월 20 일 이 사무소에서 위 인증한다.――――

공증인가 대한법무법인

소속 서울중앙지방검찰청

서울 서초구 동작대로 36 대광빌딩 3층

공증인 공증담당변호사 (서명) (인)

210㎜×297㎜ (보존용지(1종)70g/㎡)

대한법무법인

전화:590-0900(代) FAX:6670-3491

15. 미 시민권자의 위임장

미 시민권자의 위임장

POWER OF ATTORNEY (FOR U.S. CITIZENS)

위 임 자(본인)

한국이름(Name of Korean)		미국이름(Name of English)			
생년월일(Date of Birth)				성별(Sex)	
여권번호(Passport No)		시민권번호(Citizenship No)			
현주소(Present Address)					
미국내전화(Home Telephone)					

피 위 임 자 (대 리 인)

성명(Name)		생년월일(Date of Birth)	
주소(Address)			

사 용 용 도 (Usage of This Document)

Applicant's Signature(본인서명) : ____________________

Date : . . .

__________는(은) 위에 기재된 사항이 진실하며 위 사서증서에 본인이 서명날인한 것임을 본 공증인의 면전에서 자인하였다. 본 공증인은 위 인증한다.

I, __________ A NOTARY PUBLIC. DO HEREBY CERTIFY THAT ON THE ______ DAY OF ________, 20 . PERSONALLY APPEARED BEFORT ME,____________ , WHO, BEING BY ME FIRST DULY SWORN, DECLARED THAT HE(SHE) IS THE PERSON WHO SIGNED THE FOREGOING STATEMENT AND THAT THE STATEMENTS ARE TRUE AND CORRECT.

____________________ NOTARY PUBLIC

PRINTED NAME		SEAL
COMMISSION NO		
MY COMMISSION EXPIRES		
TELEPHONE NO		
ADDRESS		
SIGNATURE OF NOTARY		

★ 동 예문은 신청자의 편의를 도모하기 위한 안내 자료인바, 동 예문을 참고하여 신청자가 적의 작성하시기 바랍니다.

16-1.

The State of Texas

Secretary of State

Not for use within the United States of America
This Apostille only certifies the signature, the capacity of the signer and the seal or stamp it bears. It does not certify the content of the document for which it was issued.
Certificate Validation available at www.sos.state.tx.us

APOSTILLE

(Convention de La Haye du 5 Octobre 1961)

1. Country	United States of America
This public document 2. has been signed by	KI HONG KIM
3. acting in the capacity of	Notary Public, State of Texas
4. and bears the seal/stamp of	KI HONG KIM, Notary Public, State of Texas, Commission Expires: 02-02-21

CERTIFIED

5. at Austin, Texas	6. on January 22, 2019
7. by the Secretary of State of Texas	
8. Certificate No. 11667908	
9. Seal	10. Signature:

THE STATE OF TEXAS

David Whitley
Secretary of State

GF/eg

16-2. 미 시민권자의 위임장

미 시민권자의 위임장

PROOF OF ATTORNEY (FOR U.S. CITIZENS)

위 임 자 (본 인)

한국이름(Name of Korean)	정	미국이름(Name of English)	SUH,
생년월일(Date of Birth)	/1963	성별(Sex)	F
여권번호(Passport No)		시민권번호(Citizenship No)	27602335
현주소(Present Address)	Emperor court, Round Rock, TX 78664		
미국내전화(Home Telephone)	(512) 590-		

피 위 임 자 (대 리 인)

성명(Name)	정	생년월일(Date of Birth)	/1971
주소(Address)	경기도 의왕시 보락로 89-15 해모로아파트		

사 용 용 도 (Usage of This Document)

아버지 (360205- 의

자산에 대한 상속권리 위임건

Applicant's Signature(본인서명) : Inkyung, Suh

Date : 01 / 22 / 2018.

서 는(은) 위에 기재된 사항이 진실하며 위 사서증서에 본인이 서명 날인한 것임을 본 공증인의 면전에서 자인하였다. 본 공증인은 위 인증한다.

I, KI HONG KIM A NOTARY PUBLIC, DO HEREBY CERTIFY THAT ON THE 22nd DAY OF JAN, 2018, PERSONALLY APPEARED BEFORE ME, Suh WHO, BEING BY ME FIRST DULY SWORN, DECLARED THAT HE(SHE) IS THE PERSON WHO SIGNED THE FOREGOING STATEMENT AND THAT THE STATEMENTS ARE TRUE AND CORRECT.

PRINTED NAME	KI HONG KIM	SEAL
COMMISSION NO		KI HONG KIM NOTARY PUBLIC STATE OF TEXAS EXPIRES 02-02-2021 ID # 368168
MY COMMISSION EXPIRES	WTT Sinlum Agency 2.2.21	
TELEPHONE NO	6901 N Lamar Blvd Ste 104 Austin, TX 78752 Tel (512) 453-6393	
ADDRESS		
SIGNATURE OF NOTARY		

17-1. 영국 시민권자의 위임장

영국 시민권자의 위임장

PROOF OF ATTORNEY (FOR U.K. CITIZENS)

위 임 자(the mandator)

한국이름(Korean Name)	정	영국이름(British Name)	CHUNG, RACHEL
생년월일(Date of Birth, DD/MM/YYYY)	1965년 월 일 (/1965)	성별(Sex)	여 (F)
여권번호(Passport No)		시민권번호(Citizenship No)	5489128
현주소(Present Address)	영국 카디프 마쉬필드 오크필드스 29 우편번호 CF3-2EZ (OAKFIELDs MARSHFIELD CARDIFF CF3-2EZ, UK)		
영국내 전화(Home Telephone)	44-1633-68		

피 위 임 자 (the person with the power of attorney)

성명(Name)	정 (CHUNG,)	생년월일(Date of Birth, DD/MM/YYYY)	19 년 월 일(/1971)
주소(Address)	경기도 의왕시 모락로 89-15 해모로아파트 KYEONGGIDO UIWANGSI MORAKRO 89-15 HEAMORO APT. 108DONG 103HO		

사 용 용 도 (Usage of This Document)

아버지(정 , 360205-)의 자산 상속권리에 대한 위임건
DELEGATION of INHERITANCE RIGHTS to FATHER (CHUNG JUNG CHAI, 360205-) ASSETS

Applicant's Signature(본인성명) : [signature]
Date : 06, 02, 2019

Richard John Hinde Fisher 는(은) 위에 기재된 사항이 진실하며 위 사서증서에 본인이 서명날인한 것임을 본 공증인의 면전에서 자인하였다. 본 공증인은 위 인증한다.

I, Richard John Hinde Fisher A NOTARY PUBLIC, DO HEREBY CERTIFY THAT ON THE 6th DAY OF February, 2019, PERSONALLY APPEARED BEFORE ME, RACHEL HYEKYeong CHUNG WHO, BEING BY ME FIRST DULY SWORN, DECLARED THAT HE(SHE) IS THE PERSON WHO SIGNED THE FOREGOING STATEMENT AND THAT THE STATEMENTS ARE TRUE AND CORRECT.

PRINTED NAME	Richard John Hinde Fisher
COMMISSION NO	N/A
MY COMMISSION EXPIRES	31st October 2019
TELEPHONE NO	029 2049 1271
ADDRESS	51 76 Penarth Cardiff UK
SIGNATURE OF NOTARY	[signature]

17-2.

APOSTILLE

(Convention de La Haye du 5 octobre 1961)

1. **Country:** Pays / País: United Kingdom of Great Britain and Northern Ireland

This public document
Le présent acte public / El presente documento público

2. **Has been signed by** a été signé par ha sido firmado por — Richard John Hindle Fisher
3. **Acting in the capacity of** agissant en qualité de quien actúa en calidad de — Notary Public
4. **Bears the seal / stamp of** est revêtu du sceau / timbre de y está revestido del sello / timbre de — The Said Notary Public

Certified
Attesté / Certificado

5. **at** à / en — London
6. **the** le / el día — 07 February 2019
7. **by** par / por — Her Majesty's Principal Secretary of State for Foreign and Commonwealth Affairs
8. **Number** sous no / bajo el numero — APO-1298664
9. **Seal / stamp** Sceau / timbre Sello / timbre — FOREIGN AND COMMONWEALTH OFFICE LONDON
10. **Signature** Signature Firma — A. Monk

This Apostille is not to be used in the UK and only confirms the authenticity of the signature, seal or stamp on the attached UK public document. It does not confirm the authenticity of the underlying document. Apostilles attached to documents that have been photocopied and certified in the UK confirm the signature of the UK official who conducted the certification only. It does not authenticate either the signature on the original document or the contents of the original document in any way.

If this document is to be used in a country not party to the Hague Convention of the 5th of October 1961, it should be presented to the consular section of the mission representing that country

To verify this apostille go to www.verifyapostille.service.gov.uk

18. 미 시민권자의 위임장

미 시민권자의 위임장
PROOF OF ATTORNEY (FOR U.S. CITIZENS)

위 임 자 (본 인)

한국이름(Name of Korean)	김	미국이름(Name of English)	KIM,
생년월일(Date of Birth)	, 1938	성별(Sex)	F
여권 번호(Passport No)		시민권번호(Citizenship No)	35696087
현주소(Present Address)	BEULAH DR, LA CANADA, CA 91011		
미국내전화(Home Telephone)	818)790-		

피 위 임 자 (대 리 인)

성명(Name)	LEE	생년월일(Date of Birth)	, 1961
주소(Address)	BEULAH DR, LA CANADA, CA 91011		

사 용 용 도 (Usage of This Document)

소재지 : 서울특별시 강남구 압구정동 426 현대아파트 제 102동 제 704호
모든 은행 업무. 입금, 인출, 환전. 송금 기타 대행
부동산 매도, 매수, 등기 기타 대행
구청, 세무서. 동사무소, 출입국관리사무소 기타 대행

Applicant's Signature (본인서명) : Bong Ok Kim
Date : February 7, 2014

________는(은) 위에 기재된 사항이 진실하여 위 사서증서에 본인의 서명 날인한 것임을 본 공증인의 면전에서 자인하였다. 본 공증인은 위 인증한다.

I, Paul Park, A NOTARY PUBLIC. DO HEREBY CERTIFY THAT ON THE 7th DAY OF February 2014, PERSONALLY APPEARED BEFORE ME, Bong Ok Kim, WHO, BEING BY ME FIRST DULY SWORN, DECLARED THAT HE(SHE) IS THE PERSON WHO SIGNED THE FOREGOING STATEMENT AND THAT THE STATEMENTS ARE TRUE AND CORRECT.

NOTARY PUBLIC IN AND FOR THE STATE OF CALIFORNIA

		SEAL
PRINTED NAME	Paul Park	
COMMISSION NO	# 1882830	
MY COMMISSION EXPIRES	March 14, 2014	
TELEPHONE NO	714) 329-2795	
ADDRESS	10 silverbreeze Irvine, CA 92614	
SIGNATURE OF NOTARY		

※ 동 예문은 신청자의 편의를 도모하기 위한 안내 자료인바, 동 예문을 참고하여 신청자가 적어 작성하시기 바랍니다.

19. 주민등록표

발급확인번호: 2938-2134-7628-4102

이 등본은 말소된 개별 주민등록표의 원본 내용과 틀림없음을 증명합니다.
담당자: 정성훈 전화: 032-509-8430
신청인: 송택용
용도 및 목적: 협의분할상속

주 민 등 록 표
(말소자 등본)

2019년 2월 12일

"이 용지는 위조식별 표시가 되어 있음"

인천광역시 부평구 갈산2동장

세대주 성명(한자)	세대 구성 사유 및 일자	전입 1995-04-25

주소	발생일/신고일	변동사유
현주소: 인천광역시 계양구 박촌동 43-1 태부빌라	2009-12-28 2010-01-28	현지이주말소
이민지: [미국]	2009-12-28 2010-01-28	현지이주말소

번호	세대주와의 관계	성명(한자) 주민등록번호	발생일/신고일 등록상태	변동사유
1	본인		1995-04-25 1995-04-25	전입

== 이 하 여 백 ==

※ 1. 본 민원은 정부24(www.gov.kr)에서 무료로 주민등록표를 열람하거나 교부받을 수 있습니다.
2. 정부24(www.gov.kr)에서 위 발급확인번호로 내용의 진위여부를 발급일로부터 90일까지 확인할 수 있습니다.
3. 직인 날인은 「행정기관의 ...」에 따라 전자적으로 직인을 인쇄하는 것으로 갈음되고, 이 등본은 ... 있습니다.
4. 외국적 등본는 주민등록번호가 아닌 외국인등록번호 또는 국내거소신고번호가 기재됩니다.

인천광역시 부평구 갈산2동장

부평구 수입증지 0079 2019.2.12 G52091

20-1. 위임장

위 임 장

위임자(본인)

성 명(氏名)	김[redacted]
생년월일(生年月日)	1958. [redacted]
주 소(住所)	東京都 豊島区 高田 [redacted] [illegible]号

수임자(대리인)

성 명(氏名)	김[redacted]
생년월일(生年月日)	1961. [redacted]
주 소(住所)	인천광역시 동구 송현동 [illegible] 동부아파트 [redacted]
위임자와의 관계	모

위임하는 내용

경기도 안산시 단원구 선부동 1080번지 주공아파트 1502동 305호의 부동산 매매에 관한 일체의 권한을 위임.

상기 위임내용에 관한 일체의 권한을 위 피위임자에게 위임합니다.

2020 年 3 月 17 日

위임자 성 명 : [redacted] (인)

인 증 문

본 문서에 기재된 강[redacted]

은(는) 본직의 면전에서 위 사서증서에 자기가(본인이) 서명 · 날인한 것임을 인정하였다.

이 공관에서 위 인증한다.

서명

○ 발행일자: 년 월 일 성 명 : 장 희

○ 등록번호: 2020 년 제 [illegible] 호 직 위 : 영 사

○ 수 료: 납부완료 재외공관 명칭 : 주일본 대사관

소재지 : 일본 동경

20-2. 재외국민등록부 등본

재외국민등록부 등본

등록정보	문서확인번호	JAD2020C2CJN	
	말소여부	등록자	
	등록공관	주일본대한민국 대사관	등록일자 2020-03-17
인적사항	성명(한글) 강[redacted]	성명(영문) KANG [redacted]	
	주민등록번호(국내 주민등록을 하지 않은 경우 생년월일 및 성별) [redacted]-[redacted]		
	대한민국 내 등록기준지 전라북도 김제시 백산면 부거리 [redacted]		
체류국 내 주소 정보	주소 또는 거소 東京都豊島区高田3-5-[redacted]		
	별도로 등록된 주소		
체류정보	최초 입국일 2012-06-20 체류목적 거주 체류자격 취업		
추가정보	그 밖의 사항	여권번호 : M[redacted]	사용용도 : 거주사실증명(부동산관련)

위의 내용이 재외국민등록부와 동일한 내용임을 확인합니다.

2020 년 03 월 17 일

주 일 본 대 한 민 국 대 사

21-1. 인증서

문서확인번호	AQN2020J0LHJ

등부 2020 년 제 06858 호
Registered No. 2020 - 06858

인 증 서
NOTARIAL CERTIFICATE

21-2. 처분 위임장

처분 위임장

위임인
성 명 : ■■■
주민등록번호 : ■■■
주 소 : ■■■ TERRACE, SUMNER, CHRISTCHURCH, NEW ZEALAND 8081
(■■■ 테라스 섬너 크라이스트처치 뉴질랜드 8081)

위임인은 아래 기재 수임인에게 아래와 같은 행위를 위임하며 대리권을 수여함.

- 아 래 -

수임인
성 명 : ■■■
주민등록번호 : ■■■
주 소 : 서울특별시 서초구 방달로 33, ■■■(방배동, 삼원나미르빌)

처분할 부동산의 표시
1. 건물
고유번호[1142-1996-366401]
서울특별시 용산구 후암동 147-3
[도로명주소]서울특별시 용산구 한강대로102다길 42
목조와즙 2계건본기
건평 27.52㎡
외2계평 27.11㎡
("일반건축물대장" 표시: 목조와즙 2층 주택 1층 27.52㎡ 2층 27.11㎡)

2. 토지
고유번호[2743-2013-001072]
서울특별시 용산구 후암동 147-3
대 40.3㎡
(소유지분 : 40.3분의 39)

수임인의 권한의 표시
1. 위임인 ■■■의 소유인 위표시 부동산을 처분함에 있어 처분에 따른 매수인의 지정, 매매계약서 작성 및 처분에 대한 일체의 권한(매매대금의 수령은 위임인의 계좌로 송금)
2. 위 매매계약에 의한 소유권이전등기를 위하여 법무사에게 등기를 위임하는 일체의 행위
3. 위 매매계약에 따른 매수인에게 소유권이전등기를 이행하기 위한 행정관청에 인감증명서(매도용 및 주민등록초본을 발급받는 행위 및 부동산 양도신고 등 소유권이전에 따르는 일체의 행위

2020 년 12 월 23 일

위임인 : ■■■ (인)

21-3. 인 증 문

인 증 문

문서확인번호	AQN2020J0LHJ

등부 2020 년 제 06858 호

Registered No. 2020 - 06858

인 증

Notarial Certificate

위 부동산거래위임장 에
기재된 [redacted]
(의 대리인) 은(는)
본직의 면전에서 위 사서증서에 자기가(본인이)
서명날인한 것임을 인정하였다.

personally(attorney-in-fact of)
appeared before me and admitted
his(her) (said principal's)
subscription to the attached.

이 공관에서 위 인증한다.

This is hereby attested on this
day of at this office.

2020 년 12 월 23 일

성명: 임병혁 (서명 [signature])

직위: 2등서기관 겸 영사

재외공관 명칭: 주오클랜드대한민국 분관

소재지: Level 12, Tower One , 205 Queen St Auckland New Zealand

21-4. 재외국민등록부 등본

재외국민등록부 등본

구분	항목	내용	항목	내용
등록 정보	문서확인번호	MFN202114C05		
	말소여부	등록자		
	등록공관	주오클랜드대한민국 분관	등록일자	2021-01-06

구분	내용	
인적 사항	성명(한글) 이	성명(영문) LEE
	주민등록번호(국내 주민등록을 하지 않은 경우 생년월일 및 성별)	
	대한민국 내 등록기준지 서울특별시 종로구 인의동 22번지	
체류국 내 주소 정보	주소 또는 거소 TERRACE SUMNER CHRISTCHURCH NEW ZEALAND	
	별도로 등록된 주소	
체류 정보	최초 입국일 2019-04-01	
	체류목적 취업	
	체류자격 영주	

구분	항목	최초입국일	체류국 / 주소	처리일
추가 정보	체류내역			
	그 밖의 사항	용도 : 부동산매도		

위의 내용이 재외국민등록부와 동일한 내용임을 확인합니다.

2021년 01월 15일

외 교 부 장 관 [외교부장관인]

1/1

본 증명서는 인터넷으로 발급되었으며, 영사민원24(consul.mofa.go.kr)의 문서확인 메뉴를 통해 발급사실 여부를 확인할 수 있습니다.
또한 문서하단의 바코드로도 진위확인(스캐너용 문서확인프로그램 또는 모바일(MaSmartDetector) 앱)을 하실수 있습니다.
▷문서확인 프로그램 : 영사민원24(consul.mofa.go.kr) → 이용안내 → 프로그램 내려받기 → 발급문서 진위확인 프로그램
▷모바일 앱 : 안드로이드(Play Store) → MaSmartDetector 앱 다운 / 아이폰(IOS) (App Store) → masmartdetector 앱 다운

22-1. 인 증 서

[별지 제33호서식]

등부 2019 년 제 1010 호

인 증 서

대한법무법인

전화:590-0900(代) FAX:6670-3491

210㎜×297㎜
(보존용지(1종)70g/㎡)

22-2. 미국시민권자의 거주증명서

미국시민권자의 거주증명서

PROOF OF RESIDENCY (FOR U.S. CITIZENS)

한국이름(Name in Korean)	정		
미국이름(Name in English)	SUH (서)		
생년월일(Date of Birth)	1963. .	성별(Sex)	여
여권번호(Passport No.)	505		
Social Security No.	638-12-8376		
현주소(Current Address)	EMPEROR COURT ROUND ROCK TX U.S. (미합중국 텍사스주 라운드락 엠퍼러코트)		
미국내 전화번호(Home Telephone No.)	01-512-590-		
사용용도(Usage)	부동산등기용(상속으로 인한 소유권이전등기)		

Applicant's Signature(본인서명):

Date: 2019. 01. 17

__________는(은) 위에 기재된 사항이 진실하며 위 사서증서에 본인이 서명날인한 것임을 본 공증인의 면전에서 자인하였다. 본 공증인은 위 인증한다.

On this ________ day of ________, 20____, I, ____________, a notary public, hereby certify that (applicant's name), who personally appeared and duly swore before me, signed and acknowledged that the preceding statements are true and correct.

________________ Notary Public

PRINTED NAME		SEAL
COMMISSION NO		
EXPIRY OF COMMISSION		
TELEPHONE NO		
ADDRESS		
SIGNATURE		

※ 동 예문은 신청자의 편의를 도모하기 위한 안내 자료인 바, 동 예문을 참고하여 신청자가 적의 작성하시기 바랍니다.

22-3

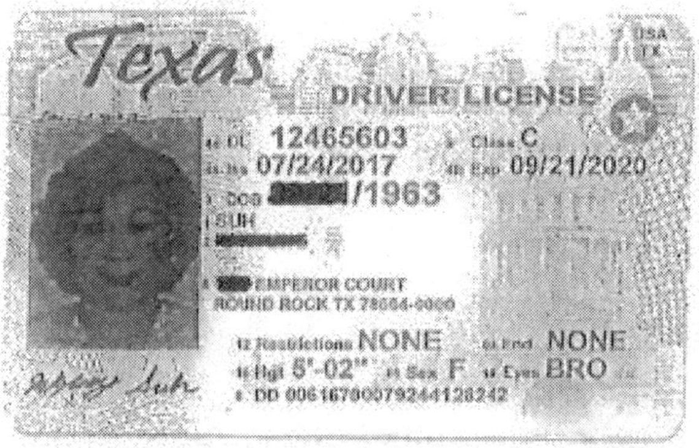
Texas
USA TX
DRIVER LICENSE
DL 12465603
Class C
Iss 07/24/2017
Exp 09/21/2020
DOB /1963
SUH
EMPEROR COURT
ROUND ROCK TX 78664-0000
Restrictions NONE
End NONE
Hgt 5'-02"
Sex F
Eyes BRO
DD 00616780079244128242

TEXAS ROADSIDE ASSISTANCE
Directive to physician
Emergency contact number
Allergic reaction to drugs
RESTRICTIONS - NONE
ENDORSEMENTS:
NONE

22-4

We the People
Of the United States,
SIGNATURE OF BEARER / SIGNATURE DU TITULAIRE / FIRMA DEL TITULAR
3
PASSPORT
PASSEPORT
PASAPORTE
USA
UNITED STATES OF AMERICA
P
USA
505485026
SUH
IN KYUNG
UNITED STATES OF AMERICA
21 Sep 1963
KOREA
F
02 Dec 2014
United States
Department of State
01 Dec 2024
SEE PAGE 51
USA
P<USASUH<<IN<KYUNG<<<<<<<<<<<<<<<<<<<<<<<<<<<<
5054850269USA6309211F2412012264999874<554338

22-5. 인 증

[별지 제35호 서식]

등부 2019 년 제 1009 호

인 증

위 미국시민권자의 거주증명서 에 기재된

촉탁인 : 서[illegible] (SUH [illegible])은

본 공증인의 면전에서 위 사서증서의 서명자인이 본인의 것임을

확인 하였다.

본 공증인은 위 촉탁인이 제시한 여권(운전면허증)에 의하여

그 사람이 틀림없음을 인정하였다.

2019 년 1 월 17 일 이 사무소에서 위 인증한다.

공증인가 대한법무법인

소속 서울중앙지방검찰청

서울 서초구 동작대로 36 대광빌딩 3층

공증인 공증담당변호사

210㎜×297㎜
(보존용지(1종)70g/㎡)

대한법무법인

전화:590-0900(代) FAX:6670-3491

23. 미 시민권자의 거주증명서

미 시민권자의 거주증명서

PROOF OF RESIDENCY (FOR U.S. CITIZENS)

한국이름(Name in Korean)			
미국이름(Name in English)			
생년월일(Date of Birth)		성별(Sex)	
여권번호(Passport No.)			
시민권번호(Citizenship No.)			
현주소(Current Address)			
미국내 전화번호(Home Telephone No.)			
사용용도(Usage)			

Applicant's Signature(본인서명) : ____________________

Date : . . .

__________는(은) 위에 기재된 사항이 진실하며 위 사서증서에 본인이 서명날인한 것임을 본 공증인의 면전에서 자인하였다. 본 공증인은 위 인증한다.

On this __________day of __________, 20________, I, ____________________,
a notary public, hereby certify that ____(applicant's name)____, who personally appeared and duly swore before me, signed and acknowledged that the preceding statements are true and correct.

____________________ Notary Public

PRINTED NAME		SEAL
COMMISSION NO		
EXPIRY OF COMMISSION		
TELEPHONE NO		
ADDRESS		
SIGNATURE		

※ 동 예문은 신청자의 편의를 도모하기 위한 안내 자료인 바, 동 예문을 참고하여 신청자가 적의 작성하시기 바랍니다.

24. 신분증 그 자체 주소공증서면

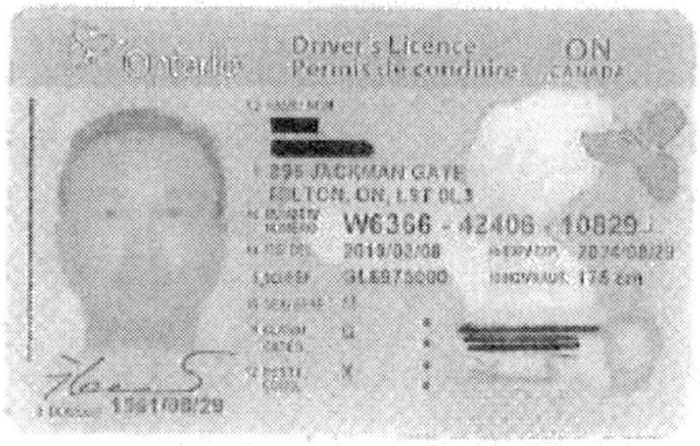

I have reviewed the original document and certify that this is a true copy of said document on this this 1st day of April, 2021

Mary Shenon
Barrister & Solicitor
Notary Public and Commissioner of Oaths
in and for the Province of Ontario.
My commission is of unlimited duration.
No legal advice given.

WALK-IN NOTARY
500-4 Robert Speck Parkway
Mississauga, ON., L4Z 1S1
905-566-4356
www.walkinnotary.ca

확 인

본 문서에 기재(날인)된 캐나다국 공무원(공증인)의 서명(직인)의 진실함과 그 직위를 확인한다.

APR 0 6 2021 서명 김영진

○ 발행일자: 년 월 일 성명: Kim, Young-Jin
○ 등록번호: 년 제 호 직위: 영 사
○ 수 수 료: 납부필료 재외공관 명칭: 주토론토총영사관
#TR2021 -4170 소재지: 캐나다 토론토

25-1. 재외국민등록부등본

증명번호	TR201700731

재외국민등록부등본

항목	내용		
1. 성 명	(한글) 유		
	(영문) YOO		
2. 생년월일	1956/	3. 성별	남
4. 주민등록번호	56		
5. 대한민국내 등록기준지 (등록기준지가 있는 경우)	강남구 역삼1동 696-12		
6. 병역관계	병역필		
7. 체류국내 주소 또는 거소	YORK MILLS ROAD TORONTO, ONTARIO, CANADA		
8. 체류목적 및 자격	거주	영주자	
9. 최초입국일 (귀국예정일이 있는 경우 함께 기재)	최초입국일 : 2003/08/21 (귀국예정일 :)		
10. 여권번호 및 그 밖의 사항	M7 외국인등록번호: 용 도: 등기소 제출용		
11. 등록공관 및 등록일자	주토론토대한민국 총영사관	2003/10/27	

위의 내용이 재외국민등록부와 동일한 내용임을 확인합니다.

2017년 12월 01일

외 교 부 장 관 (주토론토대한민국 총영사관 영사)

25-2. 재외국민등록부등본

증명번호	XX201900910

재외국민등록부등본

1. 성 명	(한글)		
	(영문) SONG		
2. 생년월일	1965/	3. 성별	남
4. 주민등록번호	65 -		
5. 대한민국내 등록기준지 (등록기준지가 있는 경우)	인천 부평구		
6. 병역관계	면제		
7. 체류국내 주소 또는 거소	8201 CAMINO MEDIA APT BAKERSFIELD CA 93311		
8. 체류목적 및 자격	거주 영주자		
9. 최초입국일 (귀국예정일이 있는 경우 함께 기재)	최초입국일 : 2006/01/25 (귀국예정일 :)		
10. 여권번호 및 그 밖의 사항	M90 외국인등록번호: A0990 용 도: 거주사실증명용 2006/01/25~ 8201 CAMINO MEDIA APT #48 BAKERSFIELD CA 93311		
11. 등록공관 및 등록일자	주로스엔젤레스대한민국 총영사관 2006/05/31		

위의 내용이 재외국민등록부와 동일한 내용임을 확인합니다.

2019년 02월 13일

외 교 부 장 관 외교부장관인 재외국민등록업무용

제96 0000926315 영수필증 600원 2019.02.13

26. 외국인의 부동산등기용 등록번호 등록증명서

[별지제7호서식]

외국인의 부동산등기용 등록번호 등록증명서

Registry Certificate of Registry Number for Foreigner's Real Estate Registration

성 명 Name in Full	KO ■■■				
국 적 Nationality	캐나다(CANADA)	성별 Sex	여(F)	생년월일 Date of Birth	1961.■■■■
국내체류지 Address in Korea	< 없 음 > (N / A)				
부동산등기용등록번호 Registration Number for Real Estate Registry	611222-67■■■■				

부동산등기법 제49조 및 법인아닌사단 재단및외국인의부동산등기용 등록번호부여절차에관한규정 제15조에 따라 위와 같이 증명합니다.

I certify as true the above facts according to the provisions in Article 49 of Real Estate Registration Act and the provisions in Article 15 of Granting procedures for Registry Number for Real Estate Registration of an Association, a Foundation or a Foreigner.

Date 2022년 04월 29일

서울출입국 · 외국인청 세종로출장소장 [서울출입국·외국인청세종로출장소장의인]
Chief, Sejongno Branch Office

담당자 확인 없으면 무효입니다. This documents is invalid in absence of official confirmation seal.	담당자 확인 : 김지혜 (KIM JIHYE) Official Confirmation seal

2305-171일
87. 2.11.승인

210mm x 297mm
보존용지(1종) 70g/m²

27-1.

The State of Texas

Secretary of State

Not for use within the United States of America
This Apostille only certifies the signature, the capacity of the signer and the seal or stamp it bears. It does not certify the content of the document for which it was issued.
Certificate Validation available at www.sos.state.tx.us

APOSTILLE

(Convention de La Haye du 5 Octobre 1961)

1. Country	United States of America
This public document 2. has been signed by	KI HONG KIM
3. acting in the capacity of	Notary Public, State of Texas
4. and bears the seal/stamp of	KI HONG KIM, Notary Public, State of Texas, Commission Expires: 02-02-21

CERTIFIED

5. at Austin, Texas	6. on January 22, 2019
7. by the Secretary of State of Texas	
8. Certificate No. [illegible]	
9. Seal	10. Signature:

THE STATE OF TEXAS

David Whitley
Secretary of State

GF/eg

27-2. 미 시민권자의 동일인증명서

미 시민권자의 동일인증명서

VERIFICATION OF IDENTITY(FOR U.S.CITIZENS)

이 름(New Name)	서 [redacted] (SUH, [redacted])
구 이 름(Old Name)	정 [redacted] (CHUNG, [redacted])
생년월일(Date of Birth)	[redacted] /1963 / 성별(Sex) F
본적(Permanent Address)	충청남도 부여군 은산면 대양리 [redacted]번지
현주소(Present Address)	[redacted] Emperor court, Round Rock, TX, 78664
개명사유 (Reasons for Name Change)	미국에서 시민권 취득시 남편 성을 따라서 개명
미국내 전화번호(Home Telephone)	(512) 590-[redacted]
서 명(Signature of Applicant)	[signature]

Applicant's Signature(본인성명) : [signature]

Date : 01 / 22 / 2019

서 인경 는(은) 위에 기재된 사항이 진실하며 위 사서증서에 본인이 서명날인한 것임을 본 공증인의 면전에서 자인하였다. 본 공증인은 위 인증한다.

I, KI HONG KIM A NOTARY PUBLIC. DO HEREBY CERTIFY THAT ON THE 22nd DAY OF JAN, 2019. PERSONALLY APPEARED BEFORT ME, [handwritten name], WHO, BEING BY ME FIRST DULY SWORN, DECLARED THAT HE(SHE) IS THE PERSON WHO SIGNED THE FOREGOING STATEMENT AND THAT THE STATEMENTS ARE TRUE AND CORRECT.

_______________ NOTARY PUBLIC

		SEAL
PRINTED NAME	KI HONG KIM	KI HONG KIM NOTARY PUBLIC STATE OF TEXAS EXPIRES 02-02-2021 ID # 368168
COMMISSION NO		
MY COMMISSION EXPIRES	2-2-21	
TELEPHONE NO	WTT Sinhan Agency	
ADDRESS	6901 N Lamar Blvd Ste 104 Austin, TX 78752 Tel (512) 453-6393	
SIGNATURE OF NOTARY	[signature]	

28-1. 영국 시민권자의 동일인증명서

영국 시민권자의 동일인증명서

Certificate of Change of Name (FOR U.K.CITIZENS)

이 름 (New Name)	정 레이첼 [blacked out] (CHUNG, RACHEL [blacked out])
구 이 름 (Old Name)	정 [blacked out] (CHUNG, [blacked out])
생년월일(Date of Birth, DD/MM/YYYY)	1965년 [blacked out]월 [blacked out]일 ([blacked out]/1965) | 성별(Sex) | 여 (F)
본적 (Permanent Address)	충청남도 부여군 은산면 대양리 [blacked out]번지 (CHUNGCHEONGNAMDO BUYEOGUN EUNSANMYEN DEAYANGRI [blacked out])
현주소(Present Address)	영국 카디프 마쉬필드 오크필드스 29 우편번호 CF3-2BZ (29 OAKFIELDS MARSHFIELD CARDIFF CF3-2BZ, UK)
개명사유(Reasons for Name Change)	귀화 (NATURALIZATION)
영국내 전화번호 (Home Telephone)	44-1633-68[blacked out]
서 명 (Signature of Applicant)	[signature]

Applicant's Signature (본인성명) : [signature]

Date : 06. 02 2019

Richard John Hinde Baker(은) 위에 기재된 사항이 진실하며 위 사서증서에 본인이 서명날인한 것임을 본 공증인의 면전에서 자인하였다. 본 공증인은 위 인증한다.

I, Richard John Hinde Baker A NOTARY PUBLIC. DO HEREBY CERTIFY THAT ON THE 6th DAY OF February, 2019 . PERSONALLY APPEARED BEFORE ME, Rachel Hyekyeong Chung , WHO, BEING BY ME FIRST DULY SWORN, DECLARED THAT HE(SHE) IS THE PERSON WHO SIGNED THE FOREGOING STATEMENT AND THAT THE STATEMENTS ARE TRUE AND CORRECT.

		SEAL
PRINTED NAME	Richard John Hinde Baker	[seal]
COMMISSION NO	N/A	
MY COMMISSION EXPIRES	31st October 2019	
TELEPHONE NO	029 20491271	
ADDRESS	57 THE PARADE CARDIFF UK.	
SIGNATURE OF NOTARY	[signature]	

28-2.

APOSTILLE

(Convention de La Haye du 5 octobre 1961)

1.	**Country:** Pays / Pais:	United Kingdom of Great Britain and Northern Ireland
	This public document Le présent acte public / El presente documento público	
2.	**Has been signed by** a été signé par ha sido firmado por	Richard John Hindle Fisher
3.	**Acting in the capacity of** agissant en qualité de quien actúa en calidad de	Notary Public
4.	**Bears the seal / stamp of** est revêtu du sceau / timbre de y está revestido del sello / timbre de	The Said Notary Public

Certified
Attesté / Certificado

5.	**at** á / en	London	6.	**the** le / el día	07 February 2019
7.	**by** par / por	Her Majesty's Principal Secretary of State for Foreign and Commonwealth Affairs			
8.	**Number** sous no / bajo el numero	APO-1298666			
9.	**Seal / stamp** Sceau / timbre Sello / timbre	FOREIGN AND COMMONWEALTH OFFICE LONDON	10.	**Signature** Signature Firma	A. Monk

This Apostille is not to be used in the UK and only confirms the authenticity of the signature, seal or stamp on the attached UK public document. It does not confirm the authenticity of the underlying document. Apostilles attached to documents that have been photocopied and certified in the UK confirm the signature of the UK official who conducted the certification only. It does not authenticate either the signature on the original document or the contents of the original document in any way.

If this document is to be used in a country not party to the Hague Convention of the 5th of October 1961, it should be presented to the consular section of the mission representing that country

To verify this apostille go to www.verifyapostille.service.gov.uk

29. 미 시민권자의 동일인증명서

미 시민권자의 동일인증명서

VERIFICATION OF IDENTITY(FOR U.S.CITIZENS)

이 름(New Name)			
구 이 름(Old Name)			
생년월일(Date of Birth)		성별(Sex)	
본적(Permanent Address)			
현주소(Present Address)			
개명사유 (Reasons for Name Change)			
미국내 전화번호(Home Telephone)			
서 명(Signature of Applicant)			

Applicant's Signature(본인서명) : ____________________
Date : . . .

__________는(은) 위에 기재된 사항이 진실하며 위 사서증서에 본인이 서명날인한 것임을 본 공증인의 면전에서 자인하였다. 본 공증인은 위 인증한다.

I, __________A NOTARY PUBLIC. DO HEREBY CERTIFY THAT ON THE _____ DAY OF ________, 20 . PERSONALLY APPEARED BEFORT ME,__________ , WHO, BEING BY ME FIRST DULY SW0RN, DECLARED THAT HE(SHE) IS THE PERSON WHO SIGNED THE FOREGOING STATEMENT AND THAT THE STATEMENTS ARE TRUE AND CORRECT.

________________ NOTARY PUBLIC

		SEAL
PRINTED NAME		
COMMISSION NO		
MY COMMISSION EXPIRES		
TELEPHONE NO		
ADDRESS		
SIGNATURE OF NOTARY		

★ 동 예문은 신청자의 편의를 도모하기 위한 안내 자료인바, 동 예문을 참고하여 신청자가 직의 작성하시기 바랍니다.

30-1. 외국인 부동산등 취득 신고서

■ 부동산 거래신고 등에 관한 법률 시행규칙 [별지 제6호서식] <개정 2020. 2. 27.>

부동산거래관리시스템(rtms.molit.go.kr)에서도 신청할 수 있습니다.

[ ] 외국인 부동산등 취득 신고서
[ ] 외국인 부동산등 계속보유 신고서
[ ] 외국인 토지 취득 허가신청서

※ 뒤쪽의 유의사항·작성방법을 읽고 작성하시기 바라며, [ ]에는 해당하는 곳에 √표를 합니다.

(앞쪽)

접수번호	접수일시	처리기간 신고: 즉시 / 허가신청: 15일

구분	항목		
신고인(신청인)	성명(법인명)	외국인(법인)등록번호	
	국적	①국적 취득일자	
	생년월일(법인 설립일자)	(휴대)전화번호	
	②주소(법인소재지) (거래지분 : 분의)		
신고(신청) 사항	③취득 원인	④상세 원인	
	⑤원인 발생일자	⑥취득 가액(원)	
	⑦종류 [ ]토지 [ ]건축물 [ ]토지 및 건축물		
	[ ]공급계약 [ ]전매	[ ]분양권 [ ]입주권	[ ]준공전 [ ]준공후
	⑧소재지		
	⑨토지 (지목 :)/(취득면적: ㎡)/(지분: 분의) (대지권비율: 분의)		
	⑩건축물 (용도 :)/(취득면적: ㎡)/(지분: 분의)		
	⑪취득 용도		

「부동산 거래신고 등에 관한 법률」 제8조 및 제9조제1항, 같은 법 시행령 제5조제1항 및 제6조제1항, 같은 법 시행규칙 제7조제1항에 따라 위와 같이 신고(허가를 신청)합니다.

년 월 일

신고인(신청인) (서명 또는 인)

시장 · 군수 · 구청장 귀하

첨부서류	뒤쪽 참조	수수료 없음

210mm×297mm[백상지(80g/㎡) 또는 중질지(80g/㎡)]

30-2.

토지취득신고필증 Page 1 of 1

[√] 외국인 부동산등 취득 신고확인증
[   ] 외국인 부동산등 계속보유 신고확인증
[   ] 외국인 토지 취득 허가증

구분	항목	항목
신고인 (신청인)	접수일자 2022년 06월 07일	일련번호 11410-2022-6-0000061
	성명(법인명) 고	외국인(법인)등록번호 61
	국적 캐나다	국적 취득일자
	생년월일(법인 설립일자) 1961	(휴대)전화번호 010
	주 소 (법인소재지) 캐나다 알버타주 캘거리 사우스이스트 페어마운트 드라이브	
신고 (신청) 사항	취득원인 계약외	상세원인 상속
	원인발생일 2022년 04월 13일	취득가액(원) 0
	종류 [ ] 토지 [ ] 건축물 [√] 토지 및 건축물 [ ] 공급계약 [ ] 전매 [ ] 분양권 [ ] 입주권 [ ] 준공전 [ ] 준공후	
	소재지 서울특별시 서대문구 남가좌동 376 외 1필지 남가좌동현대아파트 107동 104호	
	토지 (지목 : 대)(취득면적: 25.093 ㎡)(지분 : 4.0 분의 1.0) (대지권비율 : 37021.2 분의 25.093)	
	건축물 (용도 : 아파트)(취득면적: 59.4 ㎡)(지분 : 4.0 분의 1.0)	
	취득용도 주택용지(아파트)	

「 부동산 거래신고 등에 관한 법률 」 시행령 제7조제1항 및 같은 법 시행규칙 제7조제3항에 따라 위와 같이 신고(허가)받았음을 확인합니다.

2022년 06월 07일

서대문구청장

외국인 · 재외국민
부동산등기 가이드

-부 록-

부동산등기법

[시행 2020. 8. 5.] [법률 제16912호, 2020. 2. 4., 일부개정]

법무부(법무심의관실), 02-2110-3164

제48조(등기사항) ① 등기관이 갑구 또는 을구에 권리에 관한 등기를 할 때에는 다음 각 호의 사항을 기록하여야 한다.

1. 순위번호
2. 등기목적
3. 접수연월일 및 접수번호
4. 등기원인 및 그 연월일
5. 권리자

② 제1항제5호의 권리자에 관한 사항을 기록할 때에는 권리자의 성명 또는 명칭 외에 주민등록번호 또는 부동산등기용등록번호와 주소 또는 사무소 소재지를 함께 기록하여야 한다.

③ 제26조에 따라 법인 아닌 사단이나 재단 명의의 등기를 할 때에는 그 대표자나 관리인의 성명, 주소 및 주민등록번호를 함께 기록하여야 한다.

④ 제1항제5호의 권리자가 2인 이상인 경우에는 권리자별 지분을 기록하여야 하고 등기할 권리가 합유(合有)인 때에는 그 뜻을 기록하여야 한다.

제50조(등기필정보) ① 등기관이 새로운 권리에 관한 등기를 마쳤을 때에는 등기필정보를 작성하여 등기권리자에게 통지하여야 한다. 다만, 다음 각 호의 어느 하나에 해당하는 경우에는 그러하지 아니하다.

1. 등기권리자가 등기필정보의 통지를 원하지 아니하는 경우
2. 국가 또는 지방자치단체가 등기권리자인 경우

3. 제1호 및 제2호에서 규정한 경우 외에 대법원규칙으로 정하는 경우

② 등기권리자와 등기의무자가 공동으로 권리에 관한 등기를 신청하는 경우에 신청인은 그 신청정보와 함께 제1항에 따라 통지받은 등기의무자의 등기필정보를 등기소에 제공하여야 한다. 승소한 등기의무자가 단독으로 권리에 관한 등기를 신청하는 경우에도 또한 같다.

제51조(등기필정보가 없는 경우) 제50조제2항의 경우에 등기의무자의 등기필정보가 없을 때에는 등기의무자 또는 그 법정대리인(이하 "등기의무자등"이라 한다)이 등기소에 출석하여 등기관으로부터 등기의무자등임을 확인받아야 한다. 다만, 등기신청인의 대리인(변호사나 법무사만을 말한다)이 등기의무자등으로부터 위임받았음을 확인한 경우 또는 신청서(위임에 의한 대리인이 신청하는 경우에는 그 권한을 증명하는 서면을 말한다) 중 등기의무자등의 작성부분에 관하여 공증(公證)을 받은 경우에는 그러하지 아니하다.

부동산등기규칙

[시행 2022. 7. 1.] [대법원규칙 제3043호, 2022. 2. 25., 일부개정]

법원행정처(부동산등기과), 02-3480-1394

第46조(첨부정보) ① 등기를 신청하는 경우에는 다음 각 호의 정보를 그 신청정보와 함께 첨부정보로서 등기소에 제공하여야 한다. <개정 2022. 2. 25.>

1. 등기원인을 증명하는 정보
2. 등기원인에 대하여 제3자의 허가, 동의 또는 승낙이 필요한 경우에는 이를 증명하는 정보
3. 등기상 이해관계 있는 제3자의 승낙이 필요한 경우에는 이를 증명하는 정보 또는 이에 대항할 수 있는 재판이 있음을 증명하는 정보
4. 신청인이 법인인 경우에는 그 대표자의 자격을 증명하는 정보
5. 대리인에 의하여 등기를 신청하는 경우에는 그 권한을 증명하는 정보
6. 등기권리자(새로 등기명의인이 되는 경우로 한정한다)의 주소(또는 사무소 소재지) 및 주민등록번호(또는 부동산등기용등록번호)를 증명하는 정보. 다만, 소유권이전등기를 신청하는 경우에는 등기의무자의 주소(또는 사무소 소재지)를 증명하는 정보도 제공하여야 한다.
7. 소유권이전등기를 신청하는 경우에는 토지대장・임야대장・건축물대장 정보나 그 밖에 부동산의 표시를 증명하는 정보
8. 변호사나 법무사[법무법인・법무법인(유한)・법무조합 또는 법무사법인・법무사법인(유한)을 포함한다. 이하 “자격자대리인”이라 한다]가 다음 각 목의 등기를 신청하는 경우, 자격자대리인(법인의 경우에는 담당 변호사・법무사를 의미한다)이 주민등록증・인감증명서・본인서명사실확인서 등 법령에 따라 작성된 증명서의 제출이나 제시, 그 밖

에 이에 준하는 확실한 방법으로 위임인이 등기의무자인지 여부를 확인하고 자필서명한 정보

가. 공동으로 신청하는 권리에 관한 등기

나. 승소한 등기의무자가 단독으로 신청하는 권리에 관한 등기

② 구분건물에 대하여 대지권의 등기를 신청할 때 다음 각 호의 어느 하나에 해당되는 경우에는 해당 규약이나 공정증서를 첨부정보로서 등기소에 제공하여야 한다.

1. 대지권의 목적인 토지가 「집합건물의 소유 및 관리에 관한 법률」 제4조에 따른 건물의 대지인 경우
2. 각 구분소유자가 가지는 대지권의 비율이 「집합건물의 소유 및 관리에 관한 법률」 제21조제1항 단서 및 제2항에 따른 비율인 경우
3. 건물의 소유자가 그 건물이 속하는 1동의 건물이 있는 「집합건물의 소유 및 관리에 관한 법률」 제2조제5호에 따른 건물의 대지에 대하여 가지는 대지사용권이 대지권이 아닌 경우

③ 등기원인을 증명하는 정보가 집행력 있는 판결인 경우에는 제1항제2호의 정보를 제공할 필요가 없다. 다만, 등기원인에 대하여 행정관청의 허가, 동의 또는 승낙을 받을 것이 요구되는 때에는 그러하지 아니하다.

④ 법 제60조제1항 및 제2항의 등기를 신청할 때에는 제1항제1호 및 제6호를 적용하지 아니한다.

⑤ 첨부정보가 「상업등기법」 제15조에 따른 등기사항증명정보로서 그 등기를 관할하는 등기소와 부동산 소재지를 관할하는 등기소가 동일한 경우에는 그 제공을 생략할 수 있다. <개정 2014. 10. 2.>

⑥ 제1항 및 그 밖의 법령에 따라 등기소에 제공하여야 하는 첨부정보 중 법원행정처장이 지정하는 첨부정보는 「전자정부법」 제36조제1항에 따른 행정정보 공동이용을 통하여 등기관이 확인하고 신청인에게는 그 제공을 면제한다. 다만, 그 첨부정보가 개인정보를 포함하고 있

는 경우에는 그 정보주체의 동의가 있음을 증명하는 정보를 등기소에 제공한 경우에만 그 제공을 면제한다.

⑦ 제6항은 법원행정처장이 지정하는 등기소에 한정하여 적용할 수 있다.

⑧ 첨부정보가 외국어로 작성된 경우에는 그 번역문을 붙여야 한다.

⑨ 첨부정보가 외국 공문서이거나 외국 공증인이 공증한 문서(이하 "외국 공문서 등"이라 한다)인 경우에는 「재외공관 공증법」 제30조제1항에 따라 공증담당영사로부터 문서의 확인을 받거나 「외국공문서에 대한 인증의 요구를 폐지하는 협약」에서 정하는 바에 따른 아포스티유(Apostille)를 붙여야 한다. 다만, 외국 공문서 등의 발행국이 대한민국과 수교하지 아니한 국가이면서 위 협약의 가입국이 아닌 경우와 같이 부득이한 사유로 문서의 확인을 받거나 아포스티유를 붙이는 것이 곤란한 경우에는 그러하지 아니하다. <신설 2017. 5. 25.>

제60조(인감증명의 제출) ① 방문신청을 하는 경우에는 다음 각 호의 인감증명을 제출하여야 한다. 이 경우 해당 신청서(위임에 의한 대리인이 신청하는 경우에는 위임장을 말한다)나 첨부서면에는 그 인감을 날인하여야 한다. <개정 2018. 8. 31.>

1. 소유권의 등기명의인이 등기의무자로서 등기를 신청하는 경우 등기의무자의 인감증명
2. 소유권에 관한 가등기명의인이 가등기의 말소등기를 신청하는 경우 가등기명의인의 인감증명
3. 소유권 외의 권리의 등기명의인이 등기의무자로서 법 제51조에 따라 등기를 신청하는 경우 등기의무자의 인감증명
4. 제81조제1항에 따라 토지소유자들의 확인서를 첨부하여 토지합필등기를 신청하는 경우 그 토지소유자들의 인감증명
5. 제74조에 따라 권리자의 확인서를 첨부하여 토지분필등기를 신청하는 경우 그 권리자의 인감증명

6. 협의분할에 의한 상속등기를 신청하는 경우 상속인 전원의 인감증명
7. 등기신청서에 제3자의 동의 또는 승낙을 증명하는 서면을 첨부하는 경우 그 제3자의 인감증명
8. 법인 아닌 사단이나 재단의 등기신청에서 대법원예규로 정한 경우

② 제1항제1호부터 제3호까지 및 제6호에 따라 인감증명을 제출하여야 하는 자가 다른 사람에게 권리의 처분권한을 수여한 경우에는 그 대리인의 인감증명을 함께 제출하여야 한다. <신설 2018. 8. 31.>

③ 제1항에 따라 인감증명을 제출하여야 하는 자가 국가 또는 지방자치단체인 경우에는 인감증명을 제출할 필요가 없다. <개정 2018. 8. 31.>

④ 제1항제4호부터 제7호까지의 규정에 해당하는 서면이 공정증서이거나 당사자가 서명 또는 날인하였다는 뜻의 공증인의 인증을 받은 서면인 경우에는 인감증명을 제출할 필요가 없다. <개정 2018. 8. 31.>

제61조(법인 등의 인감증명의 제출) ① 제60조에 따라 인감증명을 제출하여야 하는 자가 법인 또는 국내에 영업소나 사무소의 설치등기를 한 외국법인인 경우에는 등기소의 증명을 얻은 그 대표자의 인감증명을, 법인 아닌 사단이나 재단인 경우에는 그 대표자나 관리인의 인감증명을 제출하여야 한다.

② 법정대리인이 제60조제1항제1호부터 제3호까지의 규정에 해당하는 등기신청을 하거나, 제4호부터 제7호까지의 서류를 작성하는 경우에는 법정대리인의 인감증명을 제출하여야 한다.

③ 제60조에 따라 인감증명을 제출하여야 하는 자가 재외국민인 경우에는 위임장이나 첨부서면에 본인이 서명 또는 날인하였다는 뜻의 「재외공관 공증법」에 따른 인증을 받음으로써 인감증명의 제출을 갈음할 수 있다. <신설 2018. 8. 31.>

④ 제60조에 따라 인감증명을 제출하여야 하는 자가 외국인인 경우에는 「인감증명법」에 따른 인감증명 또는 본국의 관공서가 발행한 인감

증명을 제출하여야 한다. 다만, 본국에 인감증명제도가 없고 또한 「인감증명법」에 따른 인감증명을 받을 수 없는 자는 신청서나 위임장 또는 첨부서면에 본인이 서명 또는 날인하였다는 뜻의 본국 관공서의 증명이나 본국 또는 대한민국 공증인의 인증(「재외공관 공증법」에 따른 인증을 포함한다)을 받음으로써 인감증명의 제출을 갈음할 수 있다. <개정 2018. 8. 31.>

재외동포의 출입국과 법적 지위에 관한 법률

(약칭: 재외동포법)

[시행 2020. 2. 4.] [법률 제16917호, 2020. 2. 4., 일부개정]

법무부(외국인정책과), 02-2110-4116

제1조(목적) 이 법은 재외동포(在外同胞)의 대한민국에의 출입국과 대한민국 안에서의 법적 지위를 보장함을 목적으로 한다.

[전문개정 2008. 3. 14.]

제2조(정의) 이 법에서 "재외동포"란 다음 각 호의 어느 하나에 해당하는 자를 말한다.

1. 대한민국의 국민으로서 외국의 영주권(永住權)을 취득한 자 또는 영주할 목적으로 외국에 거주하고 있는 자(이하 "재외국민"이라 한다)
2. 대한민국의 국적을 보유하였던 자(대한민국정부 수립 전에 국외로 이주한 동포를 포함한다) 또는 그 직계비속(直系卑屬)으로서 외국국적을 취득한 자 중 대통령령으로 정하는 자(이하 "외국국적동포"라 한다)

[전문개정 2008. 3. 14.]

제3조(적용 범위) 이 법은 재외국민과 「출입국관리법」 제10조에 따른 체류자격 중 재외동포 체류자격(이하 "재외동포체류자격"이라 한다)을 가진 외국국적동포의 대한민국에의 출입국과 대한민국 안에서의 법적 지위에 관하여 적용한다.

[전문개정 2008. 3. 14.]

제3조의2(다른 법률과의 관계) 재외동포체류자격을 가진 외국국적동포의 대한민국에의 출입국과 대한민국 안에서의 법적 지위에 관하여 이 법에서 정하지 아니한 사항은 「출입국관리법」에 따른다.

[본조신설 2020. 2. 4.]

제4조(정부의 책무) 정부는 재외동포가 대한민국 안에서 부당한 규제와 대우를 받지 아니하도록 필요한 지원을 하여야 한다.

[전문개정 2008. 3. 14.]

제5조(재외동포체류자격의 부여) ① 법무부장관은 대한민국 안에서 활동하려는 외국국적동포에게 신청에 의하여 재외동포체류자격을 부여할 수 있다.

② 법무부장관은 외국국적동포에게 다음 각 호의 어느 하나에 해당하는 사유가 있으면 제1항에 따른 재외동포체류자격을 부여하지 아니한다. 다만, 법무부장관이 필요하다고 인정하는 경우에는 제1호에 해당하는 외국국적동포가 41세가 되는 해 1월 1일부터 부여할 수 있다. <개정 2010. 5. 4., 2011. 4. 5., 2017. 10. 31., 2018. 9. 18., 2019. 12. 31.>

1. 다음 각 목의 어느 하나에 해당하지 아니한 상태에서 대한민국 국적을 이탈하거나 상실하여 외국인이 된 남성의 경우

가. 현역·상근예비역·보충역 또는 대체역으로 복무를 마치거나 마친 것으로 보게 되는 경우

나. 전시근로역에 편입된 경우

다. 병역면제처분을 받은 경우

2. 대한민국의 안전보장, 질서유지, 공공복리, 외교관계 등 대한민국의 이익을 해칠 우려가 있는 경우

③ 법무부장관은 제1항과 제2항에 따라 재외동포체류자격을 부여할 때에는 대통령령으로 정하는 바에 따라 외교부장관과 협의하여야 한다. <개정 2013. 3. 23.>

④ 재외동포체류자격의 취득 요건과 재외동포체류자격을 취득한 자의 활동 범위는 대통령령으로 정한다.

[전문개정 2008. 3. 14.]

제6조(국내거소신고) ① 재외동포체류자격으로 입국한 외국국적동포는 이 법을 적용받기 위하여 필요하면 대한민국 안에 거소(居所)를 정하여 그 거소를 관할하는 지방출입국・외국인관서의 장에게 국내거소신고를 할 수 있다. <개정 2014. 3. 18., 2014. 5. 20.>

② 제1항에 따라 신고한 국내거소를 이전한 때에는 14일 이내에 그 사실을 신거소(新居所)가 소재한 시・군・구(자치구가 아닌 구를 포함한다. 이하 이 조 및 제7조에서 같다) 또는 읍・면・동의 장이나 신거소를 관할하는 지방출입국・외국인관서의 장에게 신고하여야 한다. <개정 2014. 3. 18., 2016. 5. 29.>

③ 제2항에 따라 거소이전 신고를 받은 지방출입국・외국인관서의 장은 신거소가 소재한 시・군・구 또는 읍・면・동의 장에게, 시・군・구 또는 읍・면・동의 장은 신거소를 관할하는 지방출입국・외국인관서의 장에게 각각 이를 통보하여야 한다. <개정 2014. 3. 18., 2016. 5. 29.>

④ 국내거소신고서의 기재 사항, 첨부 서류, 그 밖에 신고의 절차에 관하여 필요한 사항은 대통령령으로 정한다.

[전문개정 2008. 3. 14.]

제7조(국내거소신고증의 발급 등) ① 지방출입국・외국인관서의 장은 제6조에 따라 국내거소신고를 한 외국국적동포에게 국내거소신고번호를 부여하고, 외국국적동포 국내거소신고증을 발급한다. <개정 2014. 3. 18., 2014. 5. 20.>

1. 삭제 <2014. 5. 20.>
2. 삭제 <2014. 5. 20.>

② 제1항의 국내거소신고증에는 다음 각 호의 사항을 적는다.

1. 국내거소신고번호

2. 성명
3. 성별
4. 생년월일
5. 국적
6. 거주국
7. 대한민국 안의 거소 등

③ 지방출입국・외국인관서의 장은 대통령령으로 정하는 바에 따라 국내거소신고대장과 그 밖의 관계 서류를 작성하여 보존하여야 한다. <개정 2014. 3. 18.>

④ 제1항에 따라 국내거소신고증을 발급받은 후 분실・훼손(毁損)하거나 그 밖에 대통령령으로 정하는 사유로 재발급을 받으려는 자는 지방출입국・외국인관서의 장에게 재발급 신청을 하여야 한다. <개정 2014. 3. 18.>

⑤ 지방출입국・외국인관서의 장, 시・군・구 또는 읍・면・동의 장은 제6조에 따라 국내거소신고를 한 사실이 있는 자에게는 법무부령으로 정하는 바에 따라 국내거소신고 사실증명을 발급하거나 열람하게 할 수 있다. <개정 2008. 12. 19., 2014. 3. 18., 2016. 5. 29.>

⑥ 제1항과 제4항에 따른 국내거소신고증의 발급・재발급 및 제5항에 따른 국내거소신고 사실증명의 발급을 신청하는 자는 법무부령으로 정하는 수수료를 내야 한다.

[전문개정 2008. 3. 14.]

제8조(국내거소신고증의 반납) 외국국적동포가 국내거소신고증을 지닐 필요가 없게 된 때에는 대통령령으로 정하는 바에 따라 지방출입국・외국인관서의 장에게 국내거소신고증을 반납하여야 한다. <개정 2014. 3. 18., 2014. 5. 20., 2020. 2. 4.>

[전문개정 2008. 3. 14.]

제9조(주민등록 등과의 관계) 법령에 규정된 각종 절차와 거래관계 등에서 주민등록증, 주민등록표 등본·초본, 외국인등록증 또는 외국인등록 사실증명이 필요한 경우에는 국내거소신고증이나 국내거소신고 사실증명으로 그에 갈음할 수 있다.

[전문개정 2008. 3. 14.]

제10조(출입국과 체류) ① 재외동포체류자격에 따른 체류기간은 최장 3년까지로 한다. <개정 2008. 12. 19.>

② 법무부장관은 제1항에 따른 체류기간을 초과하여 국내에 계속 체류하려는 외국국적동포에게는 대통령령으로 정하는 바에 따라 체류기간 연장허가를 할 수 있다. 다만, 제5조제2항 각 호의 어느 하나에 해당하는 사유가 있는 경우에는 그러하지 아니하다.

③ 국내거소신고를 한 외국국적동포가 체류기간 내에 출국하였다가 재입국하는 경우에는 「출입국관리법」 제30조에 따른 재입국허가가 필요하지 아니하다.

④ 대한민국 안의 거소를 신고하거나 그 이전신고(移轉申告)를 한 외국국적동포에 대하여는 「출입국관리법」 제31조에 따른 외국인등록과 같은 법 제36조에 따른 체류지변경신고를 한 것으로 본다.

⑤ 재외동포체류자격을 부여받은 외국국적동포의 취업이나 그 밖의 경제활동은 사회질서 또는 경제안정을 해치지 아니하는 범위에서 자유롭게 허용된다.

[전문개정 2008. 3. 14.]

제11조(부동산거래 등) ① 국내거소신고를 한 외국국적동포는 「부동산 거래신고 등에 관한 법률」 제9조제1항제1호에 따른 경우 외에는 대한민국 안에서 부동산을 취득·보유·이용 및 처분할 때에 대한민국의 국민과 동등한 권리를 갖는다. 다만, 「부동산 거래신고 등에 관한 법률」 제3조제1항 및 제8조에 따른 신고를 하여야 한다. <개정 2016.

1. 19.>

② 국내거소신고를 한 외국국적동포가 「부동산 실권리자명의 등기에 관한 법률」의 시행 전에 명의신탁(名義信託) 약정(約定)에 따라 명의수탁자(名義受託者) 명의(名義)로 등기하거나 등기하도록 한 부동산에 관한 물권(物權)을 이 법 시행 후 1년 이내에 「부동산 실권리자명의 등기에 관한 법률」 제11조제1항 및 제2항에 따라 실명(實名)으로 등기하거나 매각처분 등을 한 경우에는 같은 법 제12조제1항 및 제2항을 적용하지 아니한다.

[전문개정 2008. 3. 14.]

제12조(금융거래) 주민등록을 한 재외국민과 국내거소신고를 한 외국국적동포는 예금·적금의 가입, 이율의 적용, 입금과 출금 등 국내 금융기관을 이용할 때 「외국환거래법」상의 거주자인 대한민국 국민과 동등한 권리를 갖는다. 다만, 자본거래의 신고 등에 관한 「외국환거래법」 제18조의 경우에는 그러하지 아니하다. <개정 2014. 5. 20.>

[전문개정 2008. 3. 14.]

제13조(외국환거래) 재외국민이 다음 각 호의 어느 하나에 해당하는 지급수단을 수출하거나 외국에 지급하는 경우 「외국환거래법」 제15조와 제17조를 적용할 때 재외국민은 외국국적동포와 동등한 대우를 받는다.

1. 외국에 거주하기 전부터 소유하고 있던 국내 부동산을 매각하거나 수용으로 처분하였을 경우 그 매각 또는 처분대금
2. 외국에서 국내로 수입(輸入)하거나 국내에 지급한 지급수단

[전문개정 2008. 3. 14.]

제14조(건강보험) 주민등록을 한 재외국민과 국내거소신고를 한 외국국적동포가 90일 이상 대한민국 안에 체류하는 경우에는 건강보험 관계 법령으로 정하는 바에 따라 건강보험을 적용받을 수 있다. <개정

2014. 5. 20.>

[전문개정 2008. 3. 14.]

제15조 삭제 <2000. 12. 30.>

제16조(국가유공자ㆍ독립유공자와 그 유족의 보훈급여금) 외국국적동포는 「국가유공자 등 예우 및 지원에 관한 법률」 또는 「독립유공자예우에 관한 법률」에 따른 보훈급여금을 받을 수 있다.

[전문개정 2008. 3. 14.]

제17조(과태료) ① 제6조제2항을 위반하여 국내거소의 이전 사실을 신고하지 아니한 자에게는 200만원 이하의 과태료를 부과한다.

② 제8조를 위반하여 국내거소신고증을 반납하지 아니한 자에게는 100만원 이하의 과태료를 부과한다.

③ 제1항이나 제2항에 따른 과태료는 대통령령으로 정하는 바에 따라 지방출입국ㆍ외국인관서의 장이 부과하고 징수한다. <개정 2014. 3. 18.>

④ 삭제 <2008. 12. 19.>

⑤ 삭제 <2008. 12. 19.>

⑥ 삭제 <2008. 12. 19.>

[전문개정 2008. 3. 14.]

부 칙 <법률 제16917호, 2020. 2. 4.>

이 법은 공포한 날부터 시행한다.

재외공관 공증법

[시행 2017. 3. 21.] [법률 제14405호, 2016. 12. 20., 일부개정]
외교부(영사서비스과) 02-2100-8173

제1장 총칙 <개정 2009. 12. 30.>

제1조(적용) 대한민국 영토 밖에서의 공증(公證)에 관한 사무는 이 법에서 정하는 바에 따른다.
[전문개정 2009. 12. 30.]

제2조(공증사무의 담당) ① 제1조에 따른 공증에 관한 사무(이하 "공증사무"라 한다)는 대한민국 재외공관(이하 "공관"이라 한다)에서 근무하는 총영사, 영사 및 부영사 중에서 외교부장관이 임명하는 사람(이하 "공증담당영사"라 한다)이 담당한다. <개정 2016. 12. 20.>
② 외교부장관은 공증담당영사를 임명하였을 때에는 그 성명을 법무부장관에게 통보하여야 한다. 공증담당영사의 이동이 있을 때에도 또한 같다. <개정 2013. 3. 23., 2016. 12. 20.>
③ 공증담당영사는 대통령령으로 정하는 바에 따라 공증사무에 관한 교육을 받아야 한다. <신설 2016. 12. 20.>
[전문개정 2009. 12. 30.]

제3조(공증담당영사의 권한과 직무수행) ① 공증담당영사는 소속 공관의 관할구역에서 당사자나 그 밖의 관계인의 촉탁(囑託)을 받아 다음 각 호에 관한 사무를 처리한다. <개정 2016. 12. 20.>
1. 법률행위나 그 밖에 사권(私權)에 관한 사실에 대한 공정증서(公正證書)의 작성
2. 사서증서(私署證書)의 인증
3. 공증에 관계되는 문서의 확인

② 공증담당영사는 공관에서 공증사무를 처리하여야 한다. 다만, 공증사무의 성질상 공관에서 처리하기에 적절하지 아니한 경우 등 대통령령으로 정하는 사유가 있는 경우에는 그러하지 아니하다. <신설 2016. 12. 20.>

[전문개정 2009. 12. 30.]

[제목개정 2016. 12. 20.]

제4조(문서의 공증력의 요건) 공증담당영사가 제3조에 따라 작성한 공증문서는 이 법에서 정하는 요건을 갖추지 아니하면 공증의 효력이 없다. <개정 2016. 12. 20.>

[전문개정 2009. 12. 30.]

제5조(사건 내용의 누설금지) 공증담당영사는 법률에 특별한 규정이 있는 경우를 제외하고는 촉탁받은 사건의 내용을 누설하여서는 아니 된다. 다만, 촉탁인의 동의를 받은 경우에는 그러하지 아니하다. <개정 2016. 12. 20.>

[전문개정 2009. 12. 30.]

제6조(수수료) ① 공증담당영사는 공증사무에 관하여 촉탁인으로부터 수수료를 징수할 수 있다. 다만, 공관의 장이 필요하다고 인정하는 경우에는 대통령령으로 정하는 바에 따라 수수료를 면제하거나 줄여 줄 수 있다. <개정 2016. 12. 20.>

② 제1항의 수수료에 관한 사항은 대통령령으로 정한다.

③ 수수료는 현금으로 내거나 현금 납입을 증명하는 증표로 낸다.

[전문개정 2009. 12. 30.]

제2장 직무집행에 관한 통칙 <개정 2009. 12. 30.>

제7조(인감·서명의 신고) ① 공증담당영사는 소속, 직위 및 성명을 자필로 적은 신고서에 공증사무를 위하여 사용할 도장을 찍거나 서명을

하여 외교부장관에게 신고하여야 한다. <개정 2013. 3. 23., 2016. 12. 20.>

② 외교부장관은 제1항에 따른 신고서를 접수하였으면 지체 없이 법무부장관에게 통보하여야 한다. <개정 2013. 3. 23.>

[전문개정 2009. 12. 30.]

제8조(직무를 집행할 수 없는 경우) 공증담당영사는 다음 각 호의 어느 하나에 해당하면 그 직무를 수행할 수 없다. <개정 2016. 12. 20.>

1. 촉탁받은 사항과 관련하여 이해관계가 있는 경우
2. 촉탁인이나 그 대리인 또는 촉탁받은 사항과 관련된 이해관계가 있는 사람의 친족이거나 친족이었던 경우
3. 촉탁받은 사항의 대리인이거나 보조인인 경우 또는 대리인이었거나 보조인이었던 경우
4. 촉탁인 또는 그 대리인의 법정대리인인 경우

[전문개정 2009. 12. 30.]

제9조(촉탁 인수 의무) ① 공증담당영사는 다음 각 호의 어느 하나에 해당하는 경우를 제외하고는 촉탁을 거절할 수 없다. <개정 2016. 12. 20.>

1. 촉탁받은 공증사무가 대한민국의 법령에 위배되거나 대한민국의 법령에서 금지된 것인 경우
2. 촉탁받은 공증사무가 조약이나 공관이 주재하는 국가(이하 "주재국"이라 한다)의 법령에 위배되거나 조약이나 주재국의 법령에서 금지된 것인 경우
3. 문서가 명백하게 불법의 목적을 위하여 사용되거나 대한민국의 이익을 해치는 목적에 사용된다고 인정되는 경우
4. 촉탁인이 제13조(제17조제2항, 제22조제3항, 제27조 및 제32조에서 준용하는 경우를 포함한다)에 따른 신원 확인에 필요한 요구에 따

르지 아니하거나 촉탁인의 신원을 확인할 수 없는 경우

5. 제30조제2항 및 제30조의2제2항에 따른 확인이 불가능한 경우

6. 그 밖에 공증사무 관련 서류의 허위작성 사실의 발견 등 촉탁을 거절할 만한 정당한 사유가 있다고 인정되는 경우

② 공증담당영사는 제1항 각 호의 어느 하나에 해당하는 사유로 촉탁을 거절할 때에는 소속 공관의 장의 승인을 받아야 하며, 그 사실을 지체 없이 외교부장관에게 보고하여야 한다. <개정 2016. 12. 20.>

③ 공증담당영사는 제1항 각 호의 어느 하나에 해당하는 사유로 촉탁을 거절할 때에는 촉탁인이나 그 대리인에게 거절의 이유를 알려야 한다. <신설 2016. 12. 20.>

[전문개정 2009. 12. 30.]

제9조의2(이의신청) ① 촉탁인이나 이해관계인은 공증담당영사의 촉탁 거절에 대하여 제9조제3항에 따라 거절 사실을 통보받은 날부터 1개월 이내에 외교부장관에게 이의를 신청할 수 있다.

② 제1항에 따른 이의신청의 절차 및 방법 등에 필요한 사항은 대통령령으로 정한다.

[본조신설 2016. 12. 20.]

제10조(명의 사용) 공증담당영사가 공증사무에 관하여 문서를 작성할 때에는 지정된 대외직명(對外職名)을 사용하여야 한다. <개정 2016. 12. 20.>

[전문개정 2009. 12. 30.]

[제목개정 2016. 12. 20.]

제11조(서명 시의 기재사항) 공증담당영사가 공증사무와 관련하여 서명을 할 때에는 반드시 그 대외직명과 소속을 적어야 한다. <개정 2016. 12. 20.>

[전문개정 2009. 12. 30.]

제3장 공정증서의 작성 <개정 2009. 12. 30.>

제12조(사용 언어) 공정증서는 국어로 작성한다. 다만, 필요한 경우에는 영어나 주재국어로 된 번역문을 첨부할 수 있다.
[전문개정 2009. 12. 30.]

제13조(촉탁인의 확인) ① 공증담당영사가 공정증서를 작성할 때에는 여권이나 그 밖에 대한민국 행정기관이 발행한 사진이 첨부된 증명서를 제출하게 하는 방법으로 촉탁인의 신원을 확인하여야 한다. <개정 2016. 12. 20.>
② 공증담당영사는 제1항에 따라 촉탁인의 신원을 확인할 수 없는 경우에는 다음 각 호의 어느 하나에 해당하는 방법으로 신원을 확인하여야 한다. <개정 2016. 12. 20.>
1. 신원이 확실한 증인 2명으로 하여금 그 촉탁인이 맞다는 것을 증명하게 하는 방법
2. 주재국의 신분증 등을 제출하게 하는 방법
3. 그 밖에 제1호 또는 제2호에 준하는 확실한 방법
③ 삭제 <2016. 12. 20.>
[전문개정 2009. 12. 30.]

제14조(공정증서의 내용) ① 공증담당영사가 공정증서를 작성할 때에는 그가 들은 진술, 목격한 사실, 그 밖에 경험한 사실과 그 경험한 방법을 적어야 한다. <개정 2016. 12. 20.>
② 공정증서의 서식 및 기재사항은 대통령령으로 정한다.
[전문개정 2009. 12. 30.]

제15조(통역인) 공증담당영사는 촉탁인이 국어를 알지 못하는 경우 또는 청각장애인, 언어장애인, 그 밖에 말을 하지 못하고 글자도 읽지 못하는 사람인 경우에는 공정증서를 작성하기 위하여 통역인을 사용할 수

있다. <개정 2016. 12. 20.>

[전문개정 2009. 12. 30.]

제16조(참여인) 공증담당영사는 촉탁인이 시각장애인이거나 글자를 읽지 못하는 경우에는 공정증서를 작성할 때 참여인을 참여하게 하여야 한다. 촉탁인이 참여인의 참여를 청구한 경우에도 또한 같다. <개정 2016. 12. 20.>

[전문개정 2009. 12. 30.]

제17조(대리 촉탁) ① 공증담당영사는 대리인의 촉탁으로 공정증서를 작성할 때에는 대통령령으로 정하는 대리권을 증명할 증서를 제출하게 하여야 한다. <개정 2016. 12. 20.>

② 대리 촉탁에서 대리인의 신원 확인, 통역인의 사용 및 참여인의 참여에 관하여는 제13조, 제15조 및 제16조를 준용한다. <신설 2016. 12. 20.>

[전문개정 2009. 12. 30.]

제18조(허락·동의가 필요한 법률행위의 공증) 공증담당영사는 제3자의 허락이나 동의가 필요한 법률행위에 관하여 공정증서를 작성할 때에는 그 허락이나 동의가 있었음을 증명하는 증서를 제출하게 하여야 한다. <개정 2016. 12. 20.>

[전문개정 2009. 12. 30.]

제19조(통역인과 참여인의 선정 및 자격) ① 통역인과 참여인은 촉탁인이나 그 대리인이 선정하여야 한다.

② 참여인은 통역인을 겸할 수 있다.

③ 공증담당영사는 촉탁인의 통역인이 될 수 없다. <개정 2016. 12. 20.>

④ 다음 각 호의 어느 하나에 해당하는 사람은 참여인이 될 수 없다. 다만, 제16조 후단에 따라 촉탁인이 참여인으로 참여할 것을 청구한

경우에는 그러하지 아니하다. <개정 2016. 12. 20.>

1. 미성년자
2. 서명할 수 없는 사람
3. 촉탁사항과 관련하여 이해관계가 있는 사람
4. 촉탁사항의 대리인 또는 보조인이거나 대리인 또는 보조인이었던 사람
5. 공증담당영사의 친족, 법정대리인, 피고용인 또는 동거인
6. 시각장애인이거나 글자를 읽지 못하는 사람

[전문개정 2009. 12. 30.]

제20조삭제 <1993. 12. 27.>

제21조(공정증서의 원부) 공증담당영사는 공정증서의 원부(原簿)를 작성하여야 한다. <개정 2016. 12. 20.>

[전문개정 2009. 12. 30.]

제22조(공정증서 정본의 발급) ① 촉탁인 또는 그 승계인은 공정증서 정본(正本)의 발급을 청구할 수 있다.

② 공증담당영사는 공정증서의 정본에 다음 각 호의 사항을 적고 서명날인하여야 한다. <개정 2016. 12. 20.>

1. 공정증서의 전문(全文)
2. 정본이라는 사실
3. 발급을 신청한 사람의 성명
4. 작성 연월일과 장소

③ 공증담당영사가 정본을 작성하는 경우에는 제13조와 제17조를 준용한다. <개정 2016. 12. 20.>

[전문개정 2009. 12. 30.]

제23조(정본 발급 사실의 기재) 공증담당영사는 공정증서의 정본을 발급할 때에는 그 공정증서의 끝 부분에 촉탁인 또는 그 승계인에게 정본

을 발급하였다는 사실과 발급 연월일을 적고 서명날인하여야 한다. <개정 2016. 12. 20.>

[전문개정 2009. 12. 30.]

제24조(등본의 발급) ① 촉탁인 또는 공정증서의 내용과 관련하여 법률상 이해관계가 있음을 증명한 사람은 공정증서 또는 부속 서류의 등본 발급을 청구할 수 있다.

② 공증담당영사는 공정증서의 등본에 다음 각 호의 사항을 적고 서명날인하여야 한다. <개정 2016. 12. 20.>

1. 공정증서의 전문
2. 등본이라는 사실
3. 작성 연월일과 장소

[전문개정 2009. 12. 30.]

제4장 사서증서의 인증 <개정 2009. 12. 30.>

제25조(인증방법) ① 사서증서의 인증은 공증담당영사가 촉탁인 또는 그 대리인으로 하여금 공증담당영사 앞에서 다음 각 호의 어느 하나를 하게 한 후 그 사실을 인증문에 적는 방법으로 하여야 한다. <개정 2016. 12. 20.>

1. 사서증서에 촉탁인의 직접 서명 또는 날인
2. 사서증서의 서명 또는 날인에 대한 촉탁인 또는 그 대리인의 확인

② 사서증서의 등본에 대한 인증은 공증담당영사가 사서증서의 원본과 대조하여 그와 일치함을 인정한 후 그 사실을 인증문에 적는 방법으로 한다. <개정 2016. 12. 20.>

③ 법인의사록의 인증은 공증담당영사가 해당 의결을 한 자 중 그 의결에 필요한 정족수 이상의 자 또는 그 대리인의 촉탁을 받아 의사록의 내용이 진실에 부합하는지에 관하여 진술을 듣고, 촉탁인 또는 그

대리인으로 하여금 공증담당영사 앞에서 의사록의 서명 또는 기명날인을 확인하게 한 후 그 사실을 인증문에 적는 방법으로 하여야 한다. <신설 2016. 12. 20.>

④ 정관의 인증은 공증담당영사가 촉탁인 또는 그 대리인으로 하여금 공증담당영사 앞에서 제출된 각 정관에 발기인이 서명 또는 기명날인하였음을 확인하게 한 후 그 사실을 인증문에 적는 방법으로 하여야 한다. <신설 2016. 12. 20.>

⑤ 번역문의 인증은 공증담당영사가 촉탁인 또는 그 대리인으로 하여금 공증담당영사 앞에서 번역문이 원문과 서로 다르지 아니함을 서약하게 하고, 이에 서명 또는 날인하게 한 후 그 사실을 인증문에 적는 방법으로 하여야 한다. <신설 2016. 12. 20.>

⑥ 사서증서에 글자의 삽입・삭제・변경이 있거나, 칸 밖에 적힌 글자 또는 정정된 부분이 있는 때 또는 파손이나 그 밖에 겉보기에 현저하게 의심할 만한 사유가 있을 때에는 그 상황을 인증문에 적어야 한다. <개정 2016. 12. 20.>

[전문개정 2009. 12. 30.]

제26조(인증서의 발행 등) ① 공증담당영사는 제25조에 따른 인증을 하는 경우 인증 대상 문서에 여백이 있으면 그 여백에 하고, 여백이 없으면 별도의 인증서를 작성하여 인증 대상 문서와 함께 묶어 발행하여야 한다. <개정 2016. 12. 20.>

② 제1항에서 규정한 사항 외에 인증서 발행 등에 관한 세부사항은 대통령령으로 정한다. <개정 2016. 12. 20.>

[전문개정 2009. 12. 30.]

[제목개정 2016. 12. 20.]

제27조(사서증서 인증 시 사용 언어 등) 사서증서에 인증을 부여하는 경우에는 제12조, 제13조 및 제15조부터 제19조까지의 규정을 준용한

다.
[전문개정 2009. 12. 30.]
[제목개정 2016. 12. 20.]

제28조(인증부의 작성) 공증담당영사는 인증부(認證簿)를 작성하여야 한다. <개정 2016. 12. 20.>
[전문개정 2009. 12. 30.]

제29조(사서증서 내용의 이해 확인) ① 공증담당영사는 촉탁인이 작성한 사서증서의 내용을 촉탁인이 이해하고 있다는 사실을 확인한 후에 인증을 하여야 한다. <개정 2016. 12. 20.>
② 공증담당영사는 촉탁인이 글자를 읽을 수 없거나 사서증서의 내용과 법률상의 효과에 관하여 오해하고 있을 때에는 이를 충분히 설명하고 촉탁인의 동의를 받은 후에 인증을 하여야 한다. <개정 2016. 12. 20.>
[전문개정 2009. 12. 30.]

제5장 문서의 확인 <개정 2016. 12. 20.>

제30조(주재국 공문서 등의 확인) ① 공증담당영사는 주재국 공무원이 발행하였거나 주재국 공증인이 공증한 문서에 찍힌 도장 또는 서명의 진위 여부와 그 공무원이나 공증인의 직위를 확인할 수 있다. 다만, 주재국이 「외국공문서에 대한 인증의 요구를 폐지하는 협약」(이하 "아포스티유 협약"이라 한다)의 가입국인 경우에는 아포스티유 협약에서 정하는 바에 따른다. <개정 2016. 12. 20.>
② 제1항 본문에 따른 확인은 공증담당영사가 해당 공무원 또는 공증인의 도장이나 서명 및 직위를 대통령령으로 정하는 서명부(署名簿)와 대조하는 방법으로 하여야 한다. 다만, 다음 각 호의 어느 하나에 해당하는 경우에는 주재국 관계 기관에 직접 조회하는 방법으로 하여야

한다. <개정 2016. 12. 20.>

1. 해당 공무원의 도장이나 서명 및 직위가 서명부에 없는 경우
2. 해당 공증인의 도장이나 서명 및 직위가 서명부에 없는 경우
3. 대한민국 국가기관이 주재국 관계 기관에 직접 조회하여 줄 것을 요청하는 경우

[전문개정 2009. 12. 30.]

[제목개정 2016. 12. 20.]

제30조의2(행정기관 제출용 문서의 확인) ① 공증담당영사는 대한민국 행정기관에 제출하기 위한 문서로서 대통령령으로 정하는 문서에 대해서는 다음 각 호의 어느 하나의 사실을 확인할 수 있다.

1. 해당 문서가 공증담당영사의 관할지역에서 발행되었다는 사실
2. 해당 문서가 관련 법령에 따라 공관을 거쳤다는 사실

② 제1항에 따른 확인은 촉탁인에게 관련 증빙자료를 제출하게 하거나 주재국 관계 기관에 직접 조회하는 등의 방법으로 하여야 한다.

[본조신설 2016. 12. 20.]

제31조(확인서의 발행 등) ① 공증담당영사는 제30조 및 제30조의2에 따라 확인을 하는 경우 확인 대상 문서에 여백이 있으면 그 여백에 하고, 여백이 없으면 별도의 확인서를 작성하여 확인 대상 문서와 함께 묶어 발행하여야 한다. <개정 2016. 12. 20.>

② 제1항에 따라 여백에 확인하는 방식과 확인서 서식은 대통령령으로 정한다.

[전문개정 2009. 12. 30.]

[제목개정 2016. 12. 20.]

제32조(문서의 확인 시 사용 언어 등) 제30조 및 제30조의2에 따라 확인하는 경우의 사용 언어 및 촉탁인의 확인에 관하여는 제12조 및 제13조를 준용한다.

[전문개정 2016. 12. 20.]

제32조의2(확인부의 작성) 공증담당영사는 대통령령으로 정하는 확인부(確認簿)를 작성하여야 한다.

[본조신설 2016. 12. 20.]

제33조(「공증인법」과의 관계) 공증사무에 관하여 이 법에 규정되지 아니한 것은 「공증인법」에 따른다.

[전문개정 2009. 12. 30.]

제34조삭제 <2009. 12. 30.>

부칙 <제14405호, 2016. 12. 20.>

제1조(시행일) 이 법은 공포 후 3개월이 경과한 날부터 시행한다.

제2조(이의신청에 관한 적용례) 제9조의2의 개정규정은 이 법 시행 전에 촉탁의 거절 사실 통보를 받은 후 이 법 시행 당시 그 통보를 받은 날부터 1개월이 지나지 아니한 경우에 대해서도 적용한다.

제3조(확인부의 작성에 관한 적용례) 제32조의2의 개정규정은 이 법 시행 후 촉탁받는 문서의 확인부터 적용한다.

제4조(공증사무 담당의 명칭 변경에 관한 경과조치) 이 법 시행 전에 영사관이 한 공정증서 등의 작성ㆍ인증 또는 확인에 관한 행위는 제2조제1항의 개정규정에 따른 공증담당영사가 한 행위로 본다.

제5조(다른 법률의 개정) 결혼중개업의 관리에 관한 법률 일부를 다음과 같이 개정한다.

제10조의2제1항 각 호 외의 부분 단서 중 "영사관으로부터"를 "공증담당영사로부터"로 한다.

재외국민 및 외국인의 부동산등기신청절차에 관한 예규

개정 2020.06.10 등기예규 제1686호

제1장 총칙

제1조 (목적)

이 예규는 재외국민이나 외국인이 「부동산등기법」(이하 "법"이라 한다)과 「부동산등기규칙」(이하 "규칙"이라 한다) 등에 따라 부동산등기를 신청할 때에 등기소에 제공하여야 하는 첨부정보와 그 밖에 등기신청절차에 관하여 필요한 사항을 정하는 것을 목적으로 한다.

제2조 (정의)

이 예규에서 사용하는 용어의 정의는 다음과 같다.

1. "재외국민"이란 대한민국의 국민으로서 외국의 영주권을 취득한 자 또는 영주할 목적으로 외국에 거주하고 있는 자를 말한다.
2. "외국인"이란 대한민국의 국적을 보유하고 있지 아니한 개인(무국적자를 포함한다)을 말한다.
3. "외국인등"이란 외국인, 외국정부, 외국의 법령에 의하여 설립된 법인·단체 등 「부동산 거래신고 등에 관한 법률」 제2조제4호 각 목의 어느 하나에 해당하는 개인·법인 또는 단체를 말한다.
4. "공증"이란 공증인이 공정증서를 작성하는 것 또는 사서증서에 대해 인증하는 것을 말한다.
5. "대한민국 공증"이란 대한민국 영토 내에서 「공증인법」에 따라 이루어지는 공증과 대한민국 영토 밖에서 「재외공관 공증법」에 따라 공증담당영사가 담당하는 공증을 말한다.
6. "본국 공증"이란 본국 영토 내의 공증과 본국의 영토 밖에서 본국의 외교·영사기관이 담당하는 공증을 말한다.

제3조 (외국 공문서에 대한 확인)

① 첨부정보가 외국에서 발행된 공문서(외국 공증인이 공증한 문서를 포함한다. 이하 같다)인 경우에는 규칙 제46조제9항 에 따라 다음 각 호의 구분에 따른 확인을 받아 등기소에 제공하여야 한다.

1. 「외국공문서에 대한 인증의 요구를 폐지하는 협약」(이하 '협약'이라 한다)을 체결한 국가(한 국가 내의 특수한 지역을 포함한다, 이하 같다. 체약국의 예: 미국, 일본, 호주, 러시아, 홍콩)에서 발행한 공문서의 경우에는 해당 국가의 아포스티유(Apostille) 발행 권한기관(예: 외교부, 국무부, 법원, 교육청 등 국가마다 상이함)에서 발행한 아포스티유 확인

2. 협약을 체결하지 않은 국가(예: 캐나다, 중국, 싱가포르, 대만, 베트남)에서 발행한 공문서의 경우에는 「재외공관 공증법」 제30조제1항 본문에 따라 해당 국가에 주재하는 대한민국 공증담당영사의 확인

② 등기관은 협약가입국 현황(www.0404.go.kr)을 참조하여 제1항에 따른 확인이 없는 경우에는 보정을 명하여야 한다. 다만, 다음 각 호의 어느 하나에 해당하는 경우에는 그러하지 아니하다.

1. 첨부정보가 외국의 외교·영사기관이 작성 또는 공증한 문서인 경우 (예: 주한 미국대사관에서 공증받은 문서)

2. 대한민국과 수교를 맺지 않고 또한 위 협약에도 가입하지 않은 국가(예: 쿠바, 시리아)에서 발행된 공문서인 경우

3. 신분증 원본

제4조 (번역문의 첨부)

① 등기소에 제공하는 첨부정보가 외국어로 작성된 경우에는 규칙 제46조제8항 에 따라 번역문을 붙여야 한다.

② 번역문에는 번역인이 원문과 다름이 없다는 뜻과 번역인의 성명 및 주소를 기재하고 날인 또는 서명하여야 하며 번역인의 신분증 사

본을 제공하여야 한다. 다만, 번역문을 인증받아 제출하는 경우에는 그러하지 아니하다.

제5조 (처분권한의 위임과 대리인의 등기신청)

① 등기명의인인 재외국민이나 외국인이 국내 또는 국외에서 부동산의 처분권한을 대리인에게 수여한 경우에는 처분대상 부동산과 처분의 목적이 되는 권리 및 대리인의 인적사항을 구체적으로 특정하여 작성한 처분위임장을 등기소에 첨부정보로서 제공하여야 한다.

② 권리의 처분권한을 수여받은 대리인은 본인의 대리인임을 현명하고 대리인의 자격으로 작성한 원인증서를 제공하여야 한다.

③ 규칙 제60조제1항 제1호부터 제3호까지에 해당하는 등기신청을 하는 경우에는 제1항의 처분위임장에 등기명의인의 인감을 날인하고 그 인감증명을 제출하여야 한다. 이 경우 인감증명을 제출하여야 하는 자가 재외국민인 경우에는 제9조를, 외국인인 경우에는 제12조를 준용한다.

④ 제3항의 경우 권리의 처분권한을 수여받은 대리인이 본인을 대리하여 등기를 신청할 때에는 등기신청서에, 자격자대리인 등에게 등기신청을 위임할 때에는 등기신청위임장에 대리인의 인감을 날인하고 그 인감증명을 제출하여야 한다. 다만, 매매를 원인으로 하는 소유권이전등기를 신청하는 경우에 대리인의 인감증명은 매도용으로 발급받아 제출할 필요가 없다.

제6조 (상속재산분할협의 권한을 위임하는 경우)

① 상속인인 재외국민이나 외국인이 상속재산분할협의에 관한 권한을 대리인에게 수여하는 경우에는 분할의 대상이 되는 부동산과 대리인의 인적사항을 구체적으로 특정하여 작성한 상속재산분할협의 위임장을 등기소에 첨부정보로서 제공하여야 한다.

② 상속재산분할협의 권한을 수여받은 대리인은 본인의 대리인임을 현명하고 대리인의 자격으로 작성한 상속재산분할협의서를 등기소에

원인증서로서 제공하여야 한다.

③ 제1항의 상속재산분할협의 위임장에는 상속인 본인의 인감을 날인하고 그 인감증명을 제출하여야 한다. 이 경우 인감증명을 제출하여야 하는 자가 재외국민인 경우에는 제9조를, 외국인인 경우에는 제12조를 준용한다.

④ 제2항의 상속재산분할협의서에는 대리인의 인감을 날인하고 그 인감증명을 제출하여야 한다. 다만, 상속재산분할협의서를 대리인이 작성하였다는 뜻의 공증을 받은 경우에는 인감증명을 제출할 필요가 없다.

제7조 (등기필정보가 없는 경우)

① 재외국민 또는 외국인이 등기의무자로서 권리에 관한 등기를 신청할 때에 등기필정보가 없다면 법 제51조 및 「등기필정보가 없는 경우 확인조서 등에 관한 예규」에서 정하는 바에 따른다.

② 법 제51조 단서의 '공증'은 외국인의 경우에는 본국 관공서의 증명이나 본국 또는 대한민국 공증을 말하고, 재외국민의 경우에는 대한민국 공증만을 말한다.

제8조 (국적이 변경된 경우 등기명의인표시변경등기 등)

① 등기명의인의 국적이 변경되어 국적을 변경하는 내용의 등기명의인표시변경등기를 신청하는 경우에는 국적변경을 증명하는 정보(예: 시민권증서, 귀화증서, 국적취득사실증명서, 폐쇄된 기본증명서 등)를 첨부정보로서 제공하고, 신청정보의 내용 중 등기원인은 "국적변경"으로, 그 연월일은 "새로운 국적을 취득한 날"로 제공하여야 한다.

② 국적변경과 동시에 성명이 변경되어 국적변경을 증명하는 정보에 변경된 성명이 기재되어 있는 경우에는 제1항의 등기신청과 함께 성명을 변경하는 내용의 등기명의인표시변경등기를 1건의 신청정보로 일괄하여 신청할 수 있다. 이와 달리 국적을 변경한 이후에 별도

의 개명절차를 통하여 성명이 변경된 경우에는 개명을 원인으로 하는 등기명의인표시변경등기를 제1항의 등기신청과 별개의 신청정보로 신청하여야 하며, 개명을 증명하는 정보(예: 기본증명서, 법원의 개명허가기록)를 첨부정보로서 제공하여야 한다.

③ 내국인으로서 등기명의인이 되었던 자가 외국국적을 취득한 후 등기의무자로서 등기를 신청하는 경우에 국내거소신고나 외국인등록을 하지 않아 국내거소신고번호나 외국인등록번호를 부여받은 바가 없다면 등록번호를 변경하는 등기명의인표시변경등기를 선행하여 신청할 필요가 없다.

④ 국적이 변경된 경우 등기명의인표시변경에 관한 기록례는 별지 제1호와 같다.

제8조의2 (부동산양도신고확인서의 제공)

재외국민 또는 외국인이 등기의무자로서 부동산에 관한 유상계약(부담부증여 포함)을 원인으로 소유권이전등기를 신청할 때에는 「소득세법」 제108조 에 따라 세무서장으로부터 발급받은 '부동산양도신고확인서'를 첨부정보로서 제공하여야 한다. 다만, 재외국민이 「인감증명법 시행령」 제13조제3항 단서에 따라 발급받은 부동산매도용 인감증명서를 첨부정보로서 제공한 경우에는 그러하지 아니하다.

제2장 재외국민

제9조 (재외국민의 인감증명 제출)

① 재외국민이 규칙 제60조제1항 제1호부터 제3호까지에 해당하는 등기신청을 하거나 같은 항 제4호부터 제7호까지의 서류를 작성하는 경우에 체류국을 관할하는 대한민국 재외공관(「대한민국 재외공관 설치법」 제2조 에 따른 대사관, 공사관, 대표부, 총영사관과 영사관을 의미하며, 공관이 설치되지 아니한 지역에서 영사사무를 수행

하는 사무소를 포함한다, 이하 같다)에서 인감을 날인해야 하는 서면에 공증을 받았다면 인감증명을 제출할 필요가 없다.

② 제1항의 경우 중 규칙 제60조제1항 제1호부터 제3호까지에 해당하는 등기신청을 하는 경우에는 등기의무자가 재외국민임을 증명하는 정보로서 재외국민등록부등본을 등기소에 제공하여야 한다.

③ 1항에 따른 공증은 인감을 날인해야 하는 서면 그 자체에 받아야 하는 것이며, 그 서면과 별도의 문서에 서명이나 날인을 하고 그에 대한 공증을 받은 것이어서는 안된다.

제10조 (재외국민의 주소증명정보)

재외국민은 주소를 증명하는 정보로서 다음 각 호의 어느 하나에 해당하는 정보를 제공할 수 있다.

1. 재외국민등록부등본
2. 「주민등록법」에 따라 주민등록 신고를 한 경우에는 주민등록표등본·초본
3. 주소증명제도가 있는 외국에 체류하는 재외국민으로서 체류국 법령에 따라 외국인등록 또는 주민등록 등을 마친 경우에는 체류국 관공서에서 발행한 주소증명정보(예: 일본국의 주민표, 스페인왕국의 주민등록증명서)
4. 제1호부터 제3호까지의 규정에 따라 주소를 증명하는 것이 불가능한 경우에는 체류국 공증인이 주소를 공증한 서면

제11조 (재외국민의 부동산등기용등록번호)

재외국민의 부동산등기용등록번호는 다음 각 호의 어느 하나로 한다.

1. 주민등록번호를 부여받은 적이 있는 재외국민의 경우에는 주민등록번호(주민등록사항이 말소된 경우에도 같다)
2. 주민등록번호를 부여받은 적이 없는 재외국민의 경우에는 법 제49조제1항 제2호에 따라 서울중앙지방법원 등기국 등기관이 부여한 부동산등기용등록번호

제3장 외국인

제12조 (외국인의 인감증명 제출)

① 인감증명을 제출하여야 하는 자가 외국인인 경우에는 「출입국관리법」에 따라 외국인등록을 하거나 「재외동포의 출입국과 법적 지위에 관한 법률」에 따라 국내거소신고를 하여 「인감증명법」에 따라 신고한 인감증명을 제출하거나 본국의 관공서가 발행한 인감증명(예: 일본, 대만)을 제출하여야 한다.

② 외국인등록이나 국내거소신고를 하지 않아 「인감증명법」에 따른 인감증명을 발급받을 수 없고 또한 본국에 인감증명제도가 없는 외국인은 인감을 날인해야 하는 서면이 본인의 의사에 따라 작성되었음을 확인하는 뜻의 본국 관공서의 증명이나 본국 또는 대한민국 공증인의 인증(대한민국 재외공관의 인증을 포함한다, 이하 같다)을 받음으로써 인감증명의 제출을 갈음할 수 있다. 이 경우 제9조제3항을 준용한다.

제13조 (외국인의 주소증명정보)

① 외국인은 주소를 증명하는 정보로서 다음 각 호의 어느 하나에 해당하는 정보를 제공할 수 있다.

1. 「출입국관리법」에 따라 외국인등록을 한 경우에는 외국인등록 사실증명
2. 「재외동포의 출입국과 법적 지위에 관한 법률」에 따라 국내거소신고를 한 외국국적동포의 경우에는 국내거소신고 사실증명
3. 본국에 주소증명제도가 있는 외국인(예: 일본, 독일, 프랑스, 대만, 스페인)은 본국 관공서에서 발행한 주소증명정보
4. 본국에 주소증명제도가 없는 외국인(예: 미국, 영국)은 본국 공증인이 주소를 공증한 서면. 다만, 다음 각 목의 어느 하나에 해당하는

방법으로써 이를 갈음할 수 있다.

가. 주소가 기재되어 있는 신분증의 원본과 원본과 동일하다는 뜻을 기재한 사본을 함께 등기소에 제출하여 사본이 원본과 동일함을 확인받고 원본을 환부받는 방법. 이 경우 등기관은 사본에 원본 환부의 뜻을 적고 기명날인하여야 한다.

나. 주소가 기재되어 있는 신분증의 사본에 원본과 동일함을 확인하였다는 본국 또는 대한민국 공증이나 본국 관공서의 증명을 받고 이를 제출하는 방법

다. 본국의 공공기관 등에서 발행한 증명서 기타 신뢰할 만한 자료를 제출하는 방법(예: 주한미군에서 발행한 거주사실증명서, 러시아의 주택협동조합에서 발행한 주소증명서)

② 외국인이 본국을 떠나 대한민국이 아닌 제3국에 체류하는 경우에 체류국에 주소증명제도가 있다면 체류국 관공서에서 발행한 주소증명정보를 제공할 수 있고(예: 스페인에 체류하는 독일인이 스페인 법령에 따라 주민등록을 하였다면 스페인 정부가 발행하는 주민등록 정보를 제공), 체류국에 주소증명제도가 없다면 체류국의 공증인이 주소를 공증한 서면을 제공할 수 있다. 다만, 주소를 공증한 서면을 제공하는 경우에는 해당 국가에서의 체류자격을 증명하는 정보(예: 영주권확인증명, 장기체류 비자증명)를 함께 제공하여야 한다.

제14조 (외국인의 부동산등기용등록번호)

외국인의 부동산등기용등록번호는 다음 각 호의 어느 하나로 한다.

1. 「출입국 관리법」에 따라 체류지를 관할하는 지방출입국·외국인관서의 장이 부여한 외국인등록번호
2. 국내에 체류지가 없는 경우에는 대법원 소재지를 관할하는 서울출입국·외국인관서의 장이 부여한 부동산등기용등록번호
3. 「재외동포의 출입국과 법적 지위에 관한 법률」에 따라 거소를 관할하는 지방출입국·외국인관서의 장이 외국국적동포에게 부여한 국

내거소신고번호

제15조 (외국인등의 토지취득허가증)

① 외국인등이 다음 각 호의 어느 하나에 해당하는 구역·지역에 있는 토지(대지권 포함)를 취득하는 계약을 체결하고 그에 따른 소유권이전등기를 신청하는 경우에는 「부동산 거래신고 등에 관한 법률」 제9조제1항 에 따른 외국인 토지취득허가증을 첨부정보로서 제공하여야 한다. 다만, 국내거소신고를 한 외국국적동포의 경우에는 「재외동포의 출입국과 법적 지위에 관한 법률」 제11조제1항 에 따라 제1호의 지역에 있는 토지를 취득하는 경우로 한정한다.

1. 「군사기지 및 군사시설 보호법」 제2조제6호 에 따른 군사기지 및 군사시설 보호구역, 그 밖에 국방목적을 위하여 외국인등의 토지 취득을 특별히 제한할 필요가 있는 지역으로서 대통령령으로 정하는 지역
2. 「문화재보호법」 제2조제2항 에 따른 지정문화재와 이를 위한 보호물 또는 보호구역
3. 「자연환경보전법」 제2조제12호 에 따른 생태·경관보전지역
4. 「야생생물 보호 및 관리에 관한 법률」 제27조 에 따른 야생생물 특별보호구역

② 「부동산 거래신고 등에 관한 법률」 제11조 에 따라 토지거래계약 허가증을 첨부정보로서 제공한 경우에는 제1항에 따른 토지취득허가증을 제공할 필요가 없다.

③ 취득하려는 토지가 토지취득허가의 대상이 아닌 경우에는 이를 소명하기 위하여 토지이용계획확인서를 첨부정보로서 제공하여야 한다.

제16조 (허가 없이 소유권이전등기가 마쳐진 경우)

「부동산 거래신고 등에 관한 법률」 제9조제1항 에 따른 토지취득허가대상토지에 대하여 허가를 받지 아니한 채 소유권이전등기가 마쳐

졌다 하더라도 「부동산등기법」 제29조제2호 에 해당하는 것은 아니므로 등기관은 이를 직권으로 말소할 수 없다.

제17조 (외국법인·단체가 아니라는 소명)

국내법에 의하여 설립된 법인 또는 단체라 하더라도 제15조제1항 각 호의 어느 하나에 해당하는 구역·지역에 있는 토지(대지권 포함)에 대한 소유권취득등기를 신청하는 경우 그 법인이나 단체가 다음 각 호의 어느 하나에 해당하는 것인지 여부가 의심스러울 때에는 등기관은 별지 제2호의 진술서를 제출케 한 후 등기를 하여야 한다.

1. 사원 또는 구성원의 2분의 1 이상이 외국인인 법인 또는 단체
2. 업무를 집행하는 사원이나 이사 등 임원의 2분의 1 이상이 외국인인 법인 또는 단체
3. 외국인이나 외국의 법령에 따라 설립된 법인 또는 단체가 자본금의 2분의 1 이상이나 의결권의 2분의 1 이상을 가지고 있는 법인 또는 단체

부 칙(2009. 04. 10. 제1282호)

이 예규는 2009년 6월 27일부터 시행한다.

부 칙(2011. 10. 11. 제1393호)

이 예규는 2011년 10월 13일부터 시행한다.

부 칙(2015. 1. 20. 제1568호)

제1조(시행일) 이 예규는 2015년 1월 22부터 시행한다.

제2조(경과조치) 「재외동포의 출입국과 법적 지위에 관한 법률」에 따라 국내거소신고를 한 재외국민은 2016년 6월 30일까지 주소를 증명하는 서면으로 국내거소신고사실증명을 제출할 수 있다.

부　칙(2018. 03. 07. 제1640호)

이 예규는 즉시 시행한다.

부　칙(2018. 12. 18. 제1665호)

제1조(시행일) 이 예규는 2019년 1월 1일부터 시행한다.

제2조(다른 예규의 폐지) 외국인의 토지에 대한 소유권의 취득등기절차에 관한 예규는 폐지한다.

제3조(등기신청사건에 관한 경과조치) 이 예규 시행 전에 접수된 등기신청사건은 종전의 규정에 따라 처리한다.

부　칙(2020.06.10 제1686호)

이 예규는 2020년 7월 1일부터 시행한다.

등기필정보가 없는 경우 확인조서 등에 관한 예규

개정 2018.12.18 등기예규 제1664호

1. 목적

이 예규는 「부동산등기법」제51조 및 「부동산등기규칙」 제111조 에 따라 등기관이 확인조서를 작성하거나 자격자대리인이 확인서면을 작성하는 경우 또는 신청서나 위임장 중 등기의무자 또는 그 법정대리인(이하 '등기의무자등'이라 한다)의 작성부분을 공증받아 제출하는 경우의 업무처리에 관한 구체적인 사항을 규정함을 목적으로 한다.

2. 등기관이 확인조서를 작성하는 경우

가. 확인의 대상

(1) 등기관은 출석한 사람이 등기의무자등임을 확인하고 「부동산등기사무의 양식에 관한 예규」별지 제30호 양식에 따라 조서를 작성하여야 한다. 등기의무자의 법정대리인을 확인하였다면 조서의 [등기의무자]란에 법정대리인임을 표시한다.

(2) 등기의무자가 법인인 경우에는 출석한 사람이 법인의 대표자임을, 법인 아닌 사단이나 재단인 경우에는 대표자 또는 관리인임을 확인하고, 위 예규 별지 제30-1호 양식에 따라 조서를 작성하여야 한다. 공동대표의 경우에는 각 공동대표자별로 확인조서를 작성한다.

나. 확인의 방법

(1) 등기관은 주민등록증, 외국인등록증, 국내거소신고증, 여권 또는 국내 운전면허증(이하 "신분증"이라 한다)에 따라 본인 여부를 확인하여야 한다. 신분증이 오래되거나 낡은 등의 사정으로 본인

여부를 판단하기 어려운 경우 등기관은 신분증을 재발급 받아 제출하게 하거나 다른 종류의 신분증을 제출할 것을 요구할 수 있다.

(2) 등기관은 확인조서의 [본인확인정보]란에 확인한 신분증의 종류를 기재하고, 그 신분증의 사본을 조서에 첨부하여야 한다.

(3) 신분증만으로 본인 확인이 충분하지 아니한 경우 등기관은 가능한 여러 방법을 통하여 본인 여부를 확인할 수 있고, 필요한 경우 신분증을 보완할 수 있는 정보의 제출을 요구할 수 있다.

(4) 신분증 외의 정보를 제공받은 경우 이를 신분증의 사본과 함께 조서에 첨부하고, 그 정보의 종류를 [본인확인정보]란에 추가 기재한다.

다. 등기의무자등의 필적기재

(1) 등기관은 등기의무자등으로 하여금 확인조서의 [필적기재]란에 예시문과 동일한 내용 및 본인의 성명을 본인 필적으로 기재하게 한다.

(2) 필적을 기재하지 못할 특별한 사정이 있는 경우(양 팔이 없는 경우 등) 필적기재를 생략하고 등기관은 이와 같은 취지를 [비고]란에 기재한다.

3. 자격자대리인이 확인서면을 작성하는 경우

가. 자격자대리인은 직접 위임인을 면담하여 위임인이 등기의무자등 본인임을 확인하고 확인서면을 작성하여야 한다. 등기의무자가 개인인 경우에는 별지 제1호 양식에 의하되, 등기의무자의 법정대리인을 확인한 때에는 등기의무자란에 등기의무자의 법정대리인임을 표시하고, 법인 또는 법인 아닌 사단.재단의 경우에는 별지 제2호 양식에 의한다.

나. [특기사항]란에는 등기의무자등을 면담한 일시, 장소, 당시의 상

황 그 밖의 특수한 사정을 기재한다.

(예시) 0000. 00. 00. 오후 세시경 강남구 일원동 소재 00병원 00호실로 찾아가 입원 중인 등기의무자를 면담하고 본인임을 확인함. 환자복을 입고 있었고 부인과 군복을 입은 아들이 함께 있었음

다. [우무인]란에는 등기의무자등의 우무인을 찍도록 하되 자격자대리인은 무인이 선명하게 현출되었는지 확인하여야 하고, 무인이 선명하게 현출되지 않은 경우 다시 찍도록 하여 이를 모두 확인서면에 남겨둔다. 우무인을 찍는 것이 불가능한 특별한 사정(엄지손가락의 절단 등)이 있는 경우 좌무인을 찍도록 하되, [특기사항]란에 좌무인을 찍은 취지와 구체적 사유를 기재한다. 만일 우무인과 좌무인을 모두 찍을 수 없는 특별한 사정이 있는 경우 날인을 생략하고, [특기사항]란에 날인을 생략하게 된 취지와 구체적 사유를 기재한다.

(예시) 양 팔이 모두 없어 무인을 찍을 수 없었으며, 주민등록증으로 본인임을 분명히 확인하였음

라. 그 밖에 확인의 대상과 방법 및 필적기재에 관한 사항은 성질에 반하지 아니하는 범위에서 위 2. 를 준용한다.

4. 신청서나 위임장 중 등기의무자등의 작성부분에 관하여 공증을 받은 경우

가. 법 제51조 단서의 '공증'의 의미

법 제51조 단서의 '공증'은 아래 나.의 서면에 기재된 내용 중 등기의무자등의 작성부분(기명날인 등)에 대해 공증인이 등기의무자등의 의사에 의해 작성된 것임을 확인하고 그 증명을 하여 주는 사서증서의 인증을 의미한다.

나. 공증을 받아야 하는 서면

(1) 등기의무자등이 등기소에 출석하여 직접 등기를 신청하는 경우에는 등기신청서

(2) 등기의무자등이 직접 처분행위를 하고 등기신청을 대리인에게 위임한 경우에는 등기신청위임장

(3) 등기의무자등이 다른 사람에게 권리의 처분권한을 수여한 경우에는 그 처분권한 일체를 수여하는 내용의 처분위임장. 이 경우 처분위임장에는 "등기필정보가 없다"는 뜻을 기재하여야 한다.

다. 등기관의 심사

(1) 이 공증은 등기소 출석의무를 갈음하는 것이므로 위 나.의 서면을 작성한 등기의무자등 본인이 공증인 앞에 직접 출석하여 공증을 받은 것이어야 한다.

(2) 등기관은 위 서면에 첨부된 인증문을 확인하여 등기의무자등의 위임을 받은 대리인이 출석하여 공증을 받은 경우에는 해당 등기신청을 수리하여서는 아니된다.

부　칙(2018. 12. 18. 제1664호)

이 예규는 2019년 1월 1일부터 시행한다.

법인 및 재외국민의 부동산등기용등록번호 부여에 관한 규칙

개정2021.12.31 규칙 제3021호

제1조 (목적)

이 규칙은 「부동산등기법」 (이하 "법"이라 한다) 제49조 제1항 제2호에 따른 부동산등기용등록번호(이하 "등록번호"라 한다)의 부여절차를 규정함을 목적으로 한다.

제2조 (법인에 대한 등록번호의 구성)

① 법인에 대한 등록번호는 등기관서별 분류번호 4자리 수, 법인종류별 분류번호 2자리 수, 일련번호 6자리 수 및 오류검색번호 1자리 수를 차례로 연결하여 별표1과 같이 구성한다.

② 등기관서별 분류번호는 별표 2와 같다.

③ 법인종류별 분류번호는 별표 3과 같다.

④ 일련번호는 법인의 등기기록에 기록하는 등기번호에 의하되 그 등기번호가 6자리수가 아닌 경우에는 6자리수가 될 때까지 앞에 0을 붙인다.

⑤ 오류검색번호는 별표 4의 산출방식에 의하여 산출한다.

제3조 (법인등록번호의 부여)

① 법인에 대한 등록번호는 법인의 설립등기(외국법인의 경우에는 국내에서 최초로 하는 영업소 또는 사무소설치의 등기를 말한다)를 하는 때에 이를 부여한다.

② 법인에 대한 등록번호의 부여는 전산정보처리조직에 의하여 등기기록의 등록번호란에 기록하는 방법으로 한다.

제3조의2 (법인등록번호의 변경 등)

① 법률의 개정 등으로 법인종류별 분류번호(별표 3)가 변경된 경우, 이미 설립된 법인의 법인등록번호는 법인 대표자의 신청 또는 등기관이 직권으로 변경할 수 있다.

② 법인등록번호의 부여에 오류가 있는 경우 등기관이 직권으로 정정하여야 한다.

③ 법인등록번호의 변경 및 정정에 관한 구체적인 사무처리절차는 대법원예규로 정한다.

제4조 (재외국민등록번호의 구성)

① 주민등록번호가 없는 재외국민(이하 "재외국민"이라한다)에 대한 등록번호는 생년월일 6자리 수, 성별 분류번호 1자리 수, 일련번호 5자리 수및 오류검색번호 1자리 수를 차례로 연결하여 별표 5와 같이 구성한다.

② 성별 분류번호는 남자를 3으로 하고, 여자를 4로 한다.

③ 일련번호는 등록번호의 부여순서에 따라 순차적으로 부여하되 그 번호가 5자리수가 아닌 경우에는 5자리수가 될 때까지 앞에 0을 붙인다.

④ 제2조 제5항의 규정은 재외국민의 등록번호에 대한 오류검색번호의 산출에 이를 준용한다.

제5조 (재외국민등록번호의 부여신청)

① 재외국민이 등록번호를 부여받고자 할 때에는 부록 제1호 양식에 의한 신청서를 제출하여야 한다.

② 제1항의 신청서에는 다음 각호의 사항을 기재하고 신청인이 기명날인을 하여야 한다.

1. 재외국민의 성명, 생년월일, 등록기준지 및 주소와 성별
2. 신청년월일

③ 제1항의 신청서에는 「재외국민등록법」 제7조 의 재외국민등록부 등본 및 「가족관계의 등록 등에 관한 법률」 제15조 제2항 제2호

의 기본증명서를 첨부하여야 한다.

제5조의2 (등록번호증명사항의 변경신청)

① 재외국민이 개명, 성별관계 또는 출생연월일의 정정에 따른 등록번호증명사항의 변경을 신청할 때에는 부록 제2호 양식에 따른 신청서를 제출하여야 한다.

② 제1항의 신청서에는 다음 각호의 사항을 기재하고 신청인이 기명날인을 하여야 한다.

1. 재외국민의 성명, 생년월일, 등록기준지 및 주소와 성별
2. 변경원인과 그 연월일 및 변경할 사항
3. 신청연월일

③ 제1항의 신청서에는 제5조 제3항의 서면을 첨부하여야 한다.

제6조 (등록번호부 등의 비치)

① 서울중앙지방법원 등기국에 전산정보처리조직에 의한 보조기억장치(자기디스크, 자기테이프 그 밖에 이와 유사한 방법에 의하여 일정한 사항을 기록・보관할 수 있는 전자적 정보저장매체를 말한다)로 부록 제4호 양식에 따른 재외국민등록번호부를 비치한다.

② 삭제(2020.06.26 제2908호)

③ 재외국민에 대한 등록번호의 부여는 전산정보처리조직에 의하여 재외국민등록번호부에 해당사항을 기록하고 등기관의 식별부호를 기록하는 방법으로 한다.

④ 재외국민의 등록번호를 부여한 때에는 전산정보처리조직에 의한 보조기억장치로 부록 제5호 양식에 따른 재외국민부동산등기용등록번호카드를 작성한다.

⑤ 등록번호부와 재외국민부동산등기용등록번호카드는 영구히 이를 보존하여야 한다.

⑥ 서울중앙지방법원 등기국은 부록 제6호 양식에 따른 재외국민등록번호부여신청서편철장 및 부록 제7호 양식에 따른 재외국민등록번

호증명서발급신청서편철장을 각 비치하여 다음 각호와 같이 신청서를 편철하여 보존한다.

1. 재외국민의 등록번호 부여신청서, 등록번호증명사항 변경신청서 및 그 첨부서류는 재외국민등록번호부여신청서편철장에 편철하여 3년간 보존
2. 재외국민의 등록번호증명서 발급신청서는 재외국민등록번호증명서 발급신청서편철장에 편철하여 1년간 보존

제7조 (재외국민부동산등기용등록번호증명서의 발급)

① 재외국민부동산등기용등록번호증명서(다음부터 '등록번호증명서'라 한다)의 발급을 신청할 때에는 부록 제8호 양식에 따른 신청서를 제출하여야 한다.

② 등록번호증명서는 전산정보처리조직에 의하여 부록 제9호 양식에 따라 이를 작성한다.

③ 등록번호증명서의 발급업무는 관할에 관계없이 각 등기소에서 이를 처리할 수 있다.

제8조 (관할전속등의 경우)

법인에 대한 등록번호는 관할의 전속이 있거나 법인의 본점 또는주사무소가 다른 등기소의 관할구역내로 이전하는 경우에도 이를 변경하지 아니한다.

제9조 (수수료)

① 재외국민등록번호의 부여신청, 등록번호증명사항의 변경신청 및 등록번호증명서 발급신청에 대한 수수료는 각각600원으로 한다.

② 제1항에서 정한 수수료는 현금으로 납부하여야 한다. 이 경우 부여신청서 등에는 수수료의 영수필증을 붙여 소인하거나 기기에 의한 그 영수필의 취지를 표시하지 아니한다. 다만 등록번호증명서 발급의 경우에는 전산정보처리조직에 의하여 증명서의 인증문 여백에 영

수필의 취지를 표시한다.

부　칙(2021.12.31 제3021호)

이 규칙은 2022년 3월 1일부터 시행한다.

법인 아닌 사단·재단 및 외국인의 부동산등기용 등록번호 부여절차에 관한 규정

[시행 2020. 1. 29.] [대통령령 제30376호, 2020. 1. 29., 일부개정]

국토교통부(공간정보제도과) 044-201-3480
법무부(이민정보과) 02-2110-4092

제1장 총 칙

제1조(목 적)

이 영은 「부동산등기법」 제49조제1항제3호 및 제4호에 따라 법인 아닌 사단이나 재단 및 외국인에 대한 부동산등기용등록번호의 부여절차를 정함을 목적으로 한다. <개정 2005. 12. 30., 2014. 3. 5.>

제2조(정의)

이 영에서 사용하는 용어의 정의는 다음과 같다. <개정 1997. 2. 22., 2014. 3. 5., 2020. 1. 29.>

1. "등록증명서"란 부동산등기용등록번호(이하 "등록번호"라 한다)를 증명하는 서면을 말한다.
2. "등록관청"이란 등록번호를 부여하고 등록증명서를 발급하는 관청을 말한다.
3. "등록번호파일"이란 지적공부(地籍公簿)의 등록사항 등을 입력한 전산정보처리조직에 등기번호와 관련된 사항을 체계적으로 수록한 자료의 집합을 말한다.

제3조(등록번호의 유지 관리)

①법인 아닌 사단이나 재단(이하 "사단이나 재단"이라 한다) 또는 외국인

에 대하여는 사단이나 재단 또는 외국인마다 1개의 등록번호를 부여한다.

②등록번호를 통일적으로 관리하기 위하여 사단이나 재단에 대하여는 국토교통부장관이, 외국인에 대하여는 법무부장관이 전국적으로 등록번호의 부여 및 변동사항을 유지・관리한다. <개정 2000. 2. 14., 2008. 2. 29., 2013. 3. 23.>

③국토교통부장관 또는 법무부장관은 제2항의 목적을 달성하기 위하여 등록관청의 등록번호부여에 관한 사무를 감독하고 필요한 조치를 명할 수 있다. <개정 2000. 2. 14., 2008. 2. 29., 2013. 3. 23.>

제2장 사단이나 재단에 대한 등록번호의 부여절차

제4조(등록번호의 구성체계)

사단이나 재단의 등록번호는 별표1에 의한 체계로 구성한다.

제5조(등록번호 부여신청)

①등록번호를 부여받으려는 사단이나 재단의 대표자 또는 관리인은 특별자치시장, 시장(구가 설치되지 않은 시의 시장 및 특별자치도의 행정시장을 말한다. 이하 같다)・군수 또는 구청장(구청장은 자치구가 아닌 구의 구청장을 포함하며, 이하 “시장・군수・구청장”이라 한다)에게 다음 각 호의 사항이 기재된 등록번호 부여신청서를 제출해야 한다. <개정 1997. 2. 22., 2005. 12. 30., 2020. 1. 29.>

1. 삭제 <1997. 2. 22.>
2. 사단이나 재단의 명칭 및 사무소 소재지
3. 대표자 또는 관리인의 성명 및 주소

②제1항의 규정에 의한 등록번호 부여신청서의 서식은 국토교통부장관과 법무부장관의 공동부령(이하 “공동부령”이라 한다)으로 정한다. <개정 2000. 2. 14., 2008. 2. 29., 2013. 3. 23.>

③제1항의 규정에 의한 등록번호부여신청서에는 다음 각호의 서류를 첨부하여야 한다. <신설 1997. 2. 22., 2000. 2. 14.>

1. 정관 기타의 규약
2. 대표자 또는 관리인임을 증명하는 서면
3. 삭제 <2002. 2. 9.>

④국내에서 법인등기를 필하지 아니한 외국법인이 제1항의 규정에 의하여 등록번호를 부여받고자 하는 때에는 등록번호부여신청서에 당해 국가(대한민국에 주재하는 당해 국가의 영사업무를 취급하는 자를 포함한다)에서 발행한 다음 각호의 서류를 첨부하여야 한다. <신설 2000. 2. 14.>

1. 법인등록을 증명하는 서면
2. 대표자 또는 관리인임을 증명하는 서면
3. 대표자 또는 관리인의 주소지를 증명하는 서면

제6조삭제 <1997. 2. 22.>

제7조(등록번호의 부여등)

①제5조에 따라 등록번호부여신청을 받은 시장・군수・구청장은 신청사항을 확인한 후 등록번호를 부여하고 등록번호순으로 그 사실을 등록번호파일에 등록・처리해야 한다. <개정 2020. 1. 29.>

②제1항에 따른 등록번호파일에는 다음 각 호의 사항을 각각 등록・처리해야 한다. <개정 2020. 1. 29.>

1. 등록번호
2. 사단이나 재단의 명칭 및 사무소의 주소
3. 대표자 또는 관리인의 성명 및 주소

③제1항에 따라 시장・군수・구청장이 확인할 사항은 공동부령으로 정한다. <개정 2020. 1. 29.>

[전문개정 1997. 2. 22.]

제7조의2(등록번호파일에 등록된 사항의 변경신청)

①등록번호를 부여받은 사단이나 재단의 대표자 또는 관리인이 제7조제1항에 따라 등록번호파일에 등록된 사항을 변경하려는 때에는 등기명의인표시의 변경등기를 마친 후 시장・군수・구청장에게 등록번호파일 변경신청서(전자문서로 된 신청서를 포함한다)를 제출해야 한다. <개정 2020. 1. 29.>

②제1항에 따른 등록번호파일변경신청서의 서식은 공동부령으로 정한다. <개정 2020. 1. 29.>

[본조신설 2005. 12. 30.]

[제목개정 2020. 1. 29.]

제8조(등록증명서의 발급)

①등록증명서를 발급받으려는 자는 등록증명서발급신청서(전자문서로 된 신청서를 포함한다)를 시장・군수・구청장에게 제출해야 한다. <개정 2004. 3. 17., 2020. 1. 29.>

② 제1항에 따른 등록증명서의 발급신청을 받거나 제7조제1항에 따라 등록번호를 부여한 시장・군수・구청장은 등록증명서를 발급해야 한다. <개정 2020. 1. 29.>

③등록증명서발급신청서 및 등록증명서의 서식은 공동부령으로 정한다.

[전문개정 1997. 2. 22.]

제9조(오류등록 시 조치)

등록번호가 중복되거나 등록번호파일의 등록사항에 잘못이 있는 때에는 그 등록번호를 부여한 시장・군수・구청장은 지체 없이 등록번호파일을 정정・정리한 후 이를 해당 사단이나 재단의 대표자 또는 관리인에게 통지해야 한다. <개정 2020. 1. 29.>

[전문개정 1997. 2. 22.]

[제목개정 2020. 1. 29.]

제10조(수수료)

①제5조의 규정에 의하여 등록번호의 부여를 신청하거나 제8조의 규정에 의하여 등록증명서의 발급을 신청하는 자는 공동부령으로 정하는 수수료를 납부하여야 한다.

②제1항에 따른 수수료는 특별자치시, 시(자치구가 설치되지 않은 시 및 특별자치도의 행정시를 말한다)·군 또는 구(자치구를 말한다)의 수입으로 한다. <개정 1997. 2. 22., 2020. 1. 29.>

제3장 외국인에 대한 등록번호의 부여절차

제11조(등록번호의 구성체계)

외국인의 등록번호구성체계에 관하여는 「출입국관리법 시행령」 제40조의3에 따른다. <개정 2005. 12. 30., 2014. 3. 5.>

[전문개정 2002. 4. 18.]

제12조(등록번호의 부여)

외국인에 대한 등록번호는 출입국·외국인청장(이하 "청장"이라 한다), 출입국·외국인사무소장(이하 "사무소장"이라 한다), 출입국·외국인청 출장소장 또는 출입국·외국인사무소 출장소장(이하 "출장소장"이라 한다)이 「출입국관리법」 제31조의 규정에 의하여 외국인등록을 받은 때에 공동부령이 정하는 바에 의하여 부여한다. 다만, 외국인등록을 하지 아니한 외국인의 등록번호는 제13조의 규정에 의한 신청에 의하여 이를 부여한다. <개정 1993. 3. 30., 1993. 11. 6., 2005. 12. 30., 2018. 5. 8.>

제13조(등록번호 부여신청)

①외국인등록을 하지 아니한 외국인이 부동산에 관한 등기를 하고자 하

는 때에는 청장·사무소장 또는 출장소장에게 다음 각호의 사항이 기재된 등록번호부여신청서를 제출하여야 한다. <개정 1993. 3. 30., 1993. 11. 6., 2000. 2. 14., 2018. 5. 8.>

1. 등기할 부동산의 표시
2. 등기할 권리
3. 국적·성명·성별·생년월일 및 주소

②제1항의 규정에 의한 등록번호부여신청서에는 여권 또는 국적증서의 사본을 첨부하여야 한다. <개정 2000. 2. 14.>

③제1항의 규정에 의한 등록번호부여신청서의 서식은 공동부령으로 정한다.

④ 삭제 <2000. 2. 14.>

제14조(등록대장의 비치)

①청장·사무소장 또는 출장소장은 외국인등록을 하지 아니한 외국인에 대하여 제13조의 규정에 의하여 등록번호를 부여한 때에는 등록번호 부여순위에 따라 그 사실을 등록대장에 기재하여야 한다. <개정 1993. 3. 30., 2000. 2. 14., 2018. 5. 8.>

②제1항의 규정에 의한 등록대장의 서식은 공동부령으로 정한다.

③제1항의 규정에 의하여 등록번호를 등록대장에 기재한 청장·사무소장 또는 출장소장은 등록번호의 부여를 신청한 자에게 공동부령으로 정하는 등록증명서를 교부하여야 한다. <개정 2000. 2. 14., 2018. 5. 8.>

제15조(등록증명서발급)

①등록번호를 부여받은 외국인이 등록증명서를 발급받고자 하는 때에는 청장·사무소장 또는 출장소장에게 다음 각호의 사항이 기재된 등록증명서발급신청서를 제출하여야 한다. <개정 1993. 3. 30., 1993. 11. 6., 2000. 2. 14., 2018. 5. 8.>

1. 등기할 부동산의 표시
2. 등기할 권리
3. 국적・성명・성별・생년월일 및 주소

②제1항의 규정에 의한 등록증명서발급신청서의 서식은 공동부령으로 정한다.

③제1항의 규정에 의한 등록증명서발급신청에 관하여는 제13조제2항을 준용한다. <개정 2000. 2. 14.>

④제1항의 규정에 의하여 등록증명서발급신청을 받은 청장・사무소장 또는 출장소장은 공동부령으로 정하는 등록증명서를 교부하여야 한다. <개정 1993. 11. 6., 2018. 5. 8.>

제16조(수수료)

제13조의 규정에 의하여 등록번호부여를 신청하거나 제15조의 규정에 의하여 등록증명서발급을 신청하는 자는 공동부령으로 정하는 수수료를 납부하여야 한다.

제4장 보칙

제17조(시행규칙)

이 영의 시행에 관하여 필요한 사항은 공동부령으로 정한다.

부칙 <제30376호, 2020. 1. 29.>

이 영은 공포한 날부터 시행한다.

◆ 저자 법무사 강 봉 구

- 성균관대학교 행정학과 졸업
- 고려대학교 법무대학원 졸업
- 한국마사회부회장
- 순천향대 경남과기대 강사
- 경북대학교 겸임교수
- 현) 법무사사무소 운영

외국인 · 재외국민 부동산등기 실무가이드

저 자 강 봉 구　　　2022년 8월 25일 인쇄

발행인 양 갑 수　　　2022년 9월 05일 발행

발행처 법률&출판

서울 서초구 법원로2길 7-4, 104호(서초동, 동용빌딩)

전 화 : 02-521-8199　팩스 : 02-598-0332

홈페이지 : **www.법률서적.한국**

등록번호 : 25100-2005-000110

인지

ISBN 978-89-97476-71-8 93360　　　정가 30,000원